本书系吉林省社会科学院民生问题研究基地"延边地区返乡创业政策效能研究"项目成果。

乡村振兴背景下
返乡创业问题研究

XIANGCUN ZHENXING BEIJING XIA

FANXIANG CHUANGYE WENTI YANJIU

高洁 ○ 著

西南财经大学出版社
Southwestern University of Finance & Economics Press

中国·成都

图书在版编目(CIP)数据

乡村振兴背景下返乡创业问题研究/高洁著.—成都:西南财经大学出版社,
2021.12
ISBN 978-7-5504-4243-6

Ⅰ.①乡… Ⅱ.①高… Ⅲ.①民工—创业—研究—中国 Ⅳ.①F323.6

中国版本图书馆 CIP 数据核字(2019)第 265633 号

乡村振兴背景下返乡创业问题研究
高洁 著

责任编辑:金欣蕾 廖韧
责任校对:赵静繁
封面设计:何东琳设计工作室 张姗姗
责任印制:朱曼丽

出版发行	西南财经大学出版社(四川省成都市光华村街 55 号)
网 址	http://cbs.swufe.edu.cn
电子邮件	bookcj@swufe.edu.cn
邮政编码	610074
电 话	028-87353785
照 排	四川胜翔数码印务设计有限公司
印 刷	郫县犀浦印刷厂
成品尺寸	170mm×240mm
印 张	11
字 数	200 千字
版 次	2021 年 12 月第 1 版
印 次	2021 年 12 月第 1 次印刷
书 号	ISBN 978-7-5504-4243-6
定 价	88.00 元

前　言

　　农民工是指在城镇通过被他人雇用的形式从事非农业产业的农村居民。在中国社会发展的进程中，农民工是一个特殊的社会群体，具有较强的典型性与特殊性。在社会发展过程中，农民工为了找到更好的生存机会，实现自我价值，从农村地区走出来，进入现代化城市从事各项活动，充分表现出他们对经济利益的追求。从客观视角来看，农民工从农村地区迁移到城镇地区，能够在一定程度上解决城乡两地所存在的双向就业问题，能够推动我国经济增长。近几年，我国国民经济高速发展，农民工所做出的贡献具有极强的代表性。农民工是我国现代化社会经济发展与社会主义现代化建设的重要力量，在我国社会经济发展中占据着不容忽视的地位。

　　近年来，在"大众创业、万众创新"的背景下，部分农民工陆续返乡，借助在打工过程中积累下来的经验和资源，在家乡开展一系列的创业活动。对于农民工的生存与发展而言，回到家乡开展各项创业活动，能够不断提升自身的社会价值，加快家乡经济发展。这种现象能够有效推动现代化的发展与传播，缓解社会发展进程中所出现的区域不平衡问题。农民工解决了部分留守问题，切实维护着农村稳定，进而加快了农村经济发展。乡村发展始终是我国社会发展的重点，乡村振兴是时代的要求。引导农民工和农村大学生返乡投身基层，回到农村创业，既能够响应时代号召，也可以较好地解决这两类人群的就业问题。本书对乡村振兴背景下的农民工和农村大学生返乡存在的问题、作用等做了详细的介绍，使大家能更深刻地认识到农民工和农村大学生返乡创业的重要性。本书提出了一些有建设性的意见和建议，对推动农民工和农村大学生返乡创业的发展具有重大的现实意义和理论价值。因笔者水平有限，本书难免有疏漏之处，恳请广大读者批评指正。

高洁

2021 年 7 月

目　录

第一章 乡村振兴背景下新农村的任务及前景

第一节 建设社会主义新农村的背景和意义

一、建设社会主义新农村的背景

建设社会主义新农村是党和国家的战略决策，与中国社会经济发展的国际、国内背景紧密相关。

（一）国际背景

现代化、城市化、市场化和全球化是时代的共同趋势和重要特征。中国新农村建设战略的提出也是适应国际背景需要的结果。也就是说，建设新农村符合国际社会发展的需要，符合时代发展的大趋势和社会发展的需要。农村发展是这一进程和趋势的必然要求，传统农业、农村和农民的发展，本质上都要转向现代化。因此，随着时代的发展，中国必须与时俱进，加快农村现代化的进程。

目前，我国国民经济的主导产业已经从农业转向非农产业，经济增长的驱动力主要来自非农产业。从国际经验看，中国已经进入了工业反哺农业的新阶段。因此，实施新农村建设的重大战略举措势在必行。

（二）国内背景

"社会主义新农村"的概念早在20世纪50年代中国制定国民经济"二五"和"三五"计划时就已经提出来了。当时，中国农村的社会生产力很低，大多数农民很难有足够的食物和衣服，建设新农村是当时维护农村和整个社会稳定的重要举措之一。

改革开放后，农村生产力得到解放，农村各项事业迅速发展。20世纪80

年代初，中国提出了"小康社会"这一概念，其中建设社会主义新农村就是小康社会的重要内容之一。第十届全国人大四次会议批准的《中华人民共和国国民经济和社会发展第十一个五年规划纲要》同样针对社会主义新农村建设活动提出相关发展性建议与要求，指出在开展社会主义新农村建设的同时要积极稳妥地推进城镇化。党的十六届五中全会提出的建设社会主义新农村的历史任务，是在新的历史背景和新理念指导下进行农村综合改革的新起点。

随后，我国制定了一系列的政策与方针，积极推进社会主义新农村的建设。例如，2018年，中共中央办公厅、国务院办公厅印发《农村人居环境整治三年行动方案》，中央农办、农业农村部等8部委制定出台《关于推进农村"厕所革命"专项行动的指导意见》，重点推进民族地区新农村建设。2021年，农村进入转型期，全面进入乡村振兴阶段，如2021年6月1日正式施行的《中华人民共和国乡村振兴促进法》。该法是为了保障乡村振兴战略的有效贯彻实施而制定的，立法的着力点是贯彻党中央关于乡村振兴的重大决策部署，确保各地持之以恒、久久为功地促进乡村振兴。

中国进行的社会主义新农村建设，不仅是落实科学发展观的重要内容，还是建设社会主义和谐社会的重要组成部分，与中国当前的国内背景密切相关。

1. 农业支持工业、为工业提供积累的历史任务基本完成

"剪刀差"是指工农业产品交换时，工业品价格高于价值、农产品价格低于价值所出现的差额。改革开放后，工农产品的"剪刀差"逐渐缩小，农业对工业的支持主要体现在新的"剪刀差"上，具体体现在以下三个方面：

（1）金融存贷款"剪刀差"。目前，吸收农村资金的正规金融机构很少贷款给农村地区，大多数农村资金流向城市。

（2）征地"剪刀差"。征地价格低，土地销售开发价格高。

（3）工资"剪刀差"。农民工和城市工人同工同酬。

农业对中国经济和社会发展做出了突出贡献，但其在国民经济中的比重正在逐渐下降，2016年下降到11.3%，农业支持工业和工业积累的任务基本完成。《中国农业产业发展报告2019》显示，2017年全国农业增加值占GDP（国内生产总值）的比重仅为7.9%。2018年稻谷、小麦和玉米三大谷物种植面积和总产量呈下降趋势。《中国农业产业发展报告2020》显示，2020年，农业食物系统的GDP增长率仅为0.3%~1.1%，低于正常情况下4%左右的增长率。

2. 我国进入工业化中期阶段

目前，中国已进入工业化中期，为工业反哺农业、城市带动农村创造了有

利条件和历史机遇，因此推进社会主义新农村建设已成为必然要求。

2015年，国家统计局公布的前三季度宏观经济数据显示，前三季度国内生产总值同比增长6.9%，这是2009年以来GDP增速首次跌破7%。数据显示，2009年第一季度国内生产总值增长率为6.1%，此后6年GDP增速均高于7%。2016年1月19日公布，2015年全年国内生产总值676 708亿元，按可比价格计算，比2014年增长6.9%。分季度看，第一季度同比增长7.0%，第二季度同比增长7.0%，第三季度同比增长6.9%，第四季度同比增长6.8%。分产业看，第一产业增加值60 863亿元，比2014年增长3.9%；第二产业增加值274 278亿元，比2014年增长6.0%；第三产业增加值341 567亿元，比2014年增长8.3%。

2010—2018年，中国国内生产总值平均增长率保持在9%以上，国内生产总值从8 904亿元增长到30 067亿元。其中，第一产业增加值3 400亿元，增长5.5%；第二产业增加值146 183亿元，增长9.3%；第三产业增加值1 204.87亿元，增长9.5%。第一产业增加值占国内生产总值的11.3%，第二产业增加值占比为48.6%，第三产业增加值占比为40.1%。工业和城市发展水平有了很大提高，中国财政收入快速增长，2018年中国财政收入超过6万亿元。

2019年，全年国内生产总值990 865亿元，比2018年增长6.1%。其中，第一产业增加值70 467亿元，增长3.1%；第二产业增加值386 165亿元，增长5.7%；第三产业增加值534 233亿元，增长6.9%。第一产业增加值在国内生产总值中的比重为7.1%，第二产业增加值比重为39.0%，第三产业增加值比重为53.9%。全年最终消费支出对国内生产总值增长的贡献率为57.8%，资本形成总额的贡献率为31.2%，货物和服务净出口的贡献率为11.0%。人均国内生产总值70 892元，比2018年增长5.7%。国民总收入988 458亿元，比2018年增长6.2%。全国万元国内生产总值能耗比2018年下降2.6%。全员劳动生产率为115 009元/人，比2018年提高6.2%。

2020年，全年国内生产总值1 015 986亿元，比2019年增长2.5%。其中，第一产业增加值77 754亿元，增长3.0%；第二产业增加值384 255亿元，增长2.6%；第三产业增加值553 977亿元，增长2.1%。第一产业增加值在国内生产总值中的比重为7.7%，第二产业增加值比重为37.8%，第三产业增加值比重为54.5%。上述数据均来自我国各年的《国民经济和社会发展统计公报》。

通过上述数据，我们可以看出，目前我国正处于调整工农关系和城乡关系的转折点，已经具备了推进社会主义新农村建设的时机与条件。经过多年工业发展，我国已经具备工业反哺农业和城市支持农村的经济实力。

3. 城乡二元结构制约着乡村振兴目标的顺利实现

二元结构是指我国社会由一系列二元结构及其相互交织作用而呈现出来的一种结构性特征。在这些二元结构中，既有基础性的，也有衍生性的。其中，城乡二元结构就是典型的基础性二元结构。在计划经济体制下，受户籍等城乡二元制度影响，我国城市和农村在很多方面都存在显著差别：一方面，城乡之间经济发展水平与生产能力相差甚远，在粮食产量、经济发展水平方面表现得最为突出；另一方面，城乡居民收入差距正在扩大，城乡居民就业保障制度无法得到有效保证，这主要源于农村剩余劳动力无法顺利安置，农村增收困难。

上述这些问题已经逐渐引起我国政府的重视，特别是2021年，我国出台的《关于加快推进乡村人才振兴的意见》提出：加快培养农业生产经营人才、农村二三产业发展人才、乡村公共服务人才、乡村治理人才、农业农村科技人才以及建立健全乡村人才振兴体制机制。

二、社会主义新农村建设的意义与价值

（一）有利于推动和谐社会的构建与发展

当前，我国已全面建成小康社会，解决了绝对贫困问题。目前，我国农村社会关系总体健康稳定，但也存在一些不容忽视的矛盾和问题。推进社会主义新农村建设，有利于更好地维护农民合法权益，缓解农村社会矛盾，为构建社会主义和谐社会奠定坚实基础。

（二）有利于全面落实科学发展观

科学发展观的一个非常重要的内容是经济社会建设全面、协调、可持续发展，城乡协调发展是其中的重要组成部分。要全面落实科学发展观，就要确保广大农民参与发展进程，分享发展成果。如果忽视农民的意愿和切身利益，农村经济社会发展长期滞后，就不可能实现全面、协调、可持续的发展，也就不可能落实科学发展观。

"建设社会主义新农村"战略的实施，既满足了农村社会经济大发展的要求，也适应了农村社会环境的大变化。它能有效地提高农村居民的综合素质，丰富农村居民的物质文化生活，使广大农民享受到经济社会发展的成果。我们要深刻认识中国建设社会主义新农村与落实科学发展观的内在联系，更加自觉积极地投身于建设社会主义新农村的事业中，推动我国经济社会尽快步入科学发展的轨道。

（三）有利于推动相关产业较快发展

扩大内需是我国经济发展的长期战略方针和基本立足点。通过不断地推进

中国社会主义新农村的建设，可以加快农村市场经济的发展。这一举措可以增加农民的收入，将亿万农民的潜在购买意愿转化为巨大的可实现的生活消费需求，促进农村经济的持续增长。特别是，我国正在积极加强农村道路、住房、能源、水利和交通建设，这不仅可以改善农民的生产生活条件和消费环境，还可以消化一些行业的过剩产能，促进相关产业的发展。

第二节　社会主义新农村建设的内涵、内容与目标

一、社会主义新农村建设的思想内涵

社会主义新农村建设中的"新农村"是指新住宅、新设施、新环境、新农民、新时尚的统一。具体而言，我们要结合当地民族和地区的实际情况，因地制宜地建房。在建造房屋的过程中，建造者必须确保其符合"节约型社会"的发展要求。我们要尽最大努力帮助当地进行基础设施建设，努力创造就业机会，确保农村地区能够拥有完整的基础设施，如道路、水电设施、通信设施等。把现代信息技术和先进的科学技术引入农村，农村就可以逐步朝着现代化的方向发展，实现信息共享。在现代农村环境建设活动中，我们必须把经济发展与生态环境建设结合起来，不应为了发展经济而破坏当地的生态环境。在良好生态环境的基础上，我们才能开展现代新农村建设的各项工作，进一步为当地居民创造美好的生活环境。在现代化过程中，缩小城乡发展差距，还需要重视农村教育工作，通过对农村居民开展教育培训工作，提升农村居民的综合素质，使农村居民具备现代化素质，在发展过程中能够成为有理想、有文化、有思想、有道德、有法治观念的新型农民。在新农村现代化建设活动中，我们需要积极做好观念转变工作，积极做好文明观念、法治观念、科学观念的树立工作，进一步加强农村社会主义精神文明建设。其中，社会主义新农村建设主要包括如下含义：

（一）将农村地区建设成为持续发展、宽裕的新农村

在社会主义新农村建设活动中，我们以我国农村为建设对象，通过调整农村生产结构，优化农村资源，使我国农村产生新面貌，促进农村向新方向发展。社会主义新农村建设的发展促进了农村生产力的发展、生活水平的提高，农村居民的生活更加丰富。这里的"生产力"，主要表现在种植业和生产结构上。

（1）在种植业的发展方面，我国农村通过基础设施建设工作，规范种植

模式，使种植活动变得更加方便、快捷，将传统种植业转变为现代种植业，突出现代化特征，为现代种植业的发展奠定基础。

（2）从生产结构的发展来看，我国社会经济水平的提高对农业生产水平提出了更高的要求和标准，不仅要求更高的产量、质量和效率，而且要求农业生产活动具有更高的安全性、稳定性和生态性。这就要求我国农村在发展过程中积极做好农业生产结构调整，深入挖掘农产品产业发展优势，加快发展优质农产品产业，不断提高农业在市场发展过程中的竞争力和影响力。在农业基础设施和农业生产结构建设发展的背景下，农村公共基础设施和配套服务网络的建设为农民工外出打工和农村经商创业活动提供了诸多便利。农民只有发展生产才能过上舒适的生活，也只有过上了舒适的生活才能更好地促进生产发展。

（二）将农村地区建设成为文明、整洁的新农村

社会主义新农村建设在发展过程中，需要积极做好"农村文明"的创建工作，通过开展宣传、教育、培训等活动，积极做好社会主义新农民的培养工作，在农村形成新的风尚。这里的"新农民"是指有良好文化、专业技术、能开展经营活动的新型农民。形成新时尚是指改变习俗，形成科学、文明、合法的生活观念，进一步加强农村社会主义精神文明建设。通过开展社会主义精神文明建设活动，我们可以加深社会主义现代化思想对农村地区的影响，确保农村地区能够在党和政府的领导下，朝着一个全新的方向发展。只有这样，新农民才能紧跟时代发展潮流，缩小城乡之间的发展差距，提升自身的生活水平，提高自己的生活质量。在绿色理念的引导下，"村庄清洁"一词应运而生，这是为了响应党和政府在生态文明建设方面的发展目标。

（三）将农村地区建设成民主、平等的新农村

在社会主义建设活动中，"民主管理"已经成为当代社会政治建设工作的一部分，这项内容直接关系到居民自身的合法权益。在社会主义新农村建设活动中，想要确保居民真正享有参与权、知情权、管理权、监督权等人身权利，科学处理好农村地区发展中所出现的各类社会矛盾，强化农村治安，就需要在农村地区积极做好民主管理工作，为农村居民提供一个民主、平等的发展环境。要彻底解决中国的"三农"问题，还是应该"两条腿"走路：一条是充分发扬农村的民主，完善村民自治，让村民有表达自己利益偏好的充分条件；另一条是强化村社集体的实力，使村社集体有办得成事的权力。集体所有、平等使用、民主自治、经济合作，这是比较符合中国农民利益的发展道路。为此，农村地区在开展基层组织建设等工作时，应与村务管理民主化紧密结合。

二、社会主义新农村建设的相关内容

当前，我们需要进一步贯彻落实党的精神，积极做好推进新农村建设的工作。我们应该坚持城乡统筹的原则，在社会主义新农村建设中全面推行农业和农村居民政策，鼓励和引导城市企业参与社会主义新农村建设，把农村生产力作为社会主义新农村建设的重点，这样才能进一步推动农村经济的发展。在建设社会主义新农村的实际过程中，我们需要做好以下几个方面的工作：

（一）将发展农村生产力置于社会主义新农村建设工作的首位

在社会主义新农村建设中，首先要发展现代农业，促进农村经济的全面发展。农村生产活动主要以粮食生产为基础。通过促进农村生产力的发展，我们可以保证粮食生产活动的稳定发展，为我国粮食安全提供有力保障，提高农村居民收入水平，加快农村经济发展，缩小城乡发展差距。要发展农村生产力，就必须积极做好耕地保护工作，不断地把先进的科学技术应用于农业生产活动，提高农业生产活动的科技含量，优化农业生产活动的增长方式，增强农村工业发展的综合能力，及时地调整好农村地区经济结构，推动农村农业向产业化方向发展，积极地做好农村劳动力的转移工作，增加农村居民的就业机会，提高农民收入，保证农村地区稳定发展。我们要做好当前国际国内经济环境下的返乡农民工的就业创业工作，尽最大努力增加他们的收入，确保社会和谐稳定。

（二）推进农村社会事业大发展

建设社会主义新农村的过程中，要积极做好社会事业的发展工作，要把农村教育工作、农村卫生工作、农村文化工作等各项社会事业全面落实到位，不断地提高农村义务教育的普及率，确保农村居民都能受到良好的教育，提高他们的整体素质；同时为农民提供基本的医疗保障服务，为农村居民的身体健康提供保障；进一步加快精神文明建设的步伐。这样才能确保农村地区和谐、稳定地继续向前发展。

（三）建设公共基础设施

开展农村公共基础设施建设，是发展农村生产力的一项重要措施，也是新农村建设的一项重要任务。开展农村大型基础设施建设工作，可以改善农村落后的生产和生活环境，提高农村居民就业和收入水平。通过对宏观经济运行的分析，我们可以看出，开展公共基础设施建设工作，能积极满足农村社会的基本需求，不断提高农村居民的创新能力和发展水平。长期来看，农村刺激经济增长与调控的潜力十分巨大，在未来相当长的一段时间内，将成为我国新的经济增长点。

（四）将剩余劳动力向非农产业有序转移，加快建设社会主义新农村

将农村纳入我国社会发展进程，促进城镇地区的发展，是推进城镇化建设、工业化发展的必然要求和需要。农民通过外出劳动获得社会主义新农村建设活动的资金，从而提高自身的收入水平，这是我国新农村建设中的重要资金来源。在为农业发展活动提供适宜的发展环境的同时，农民工通过外出打工实现了对农村剩余劳动力的合理分配，减少了庞大的人口基数对土地资源的压力。大批农民外出工作，也有利于农村资源优化配置。

目前，我国经济仍受新冠肺炎疫情影响，返乡农民工还需要做好就业创业方面的工作，要为返乡农民工创业就业提供优惠政策，进行创业就业专门培训。

（五）社会主义新农村建设和发展的合理规划

当前，我国社会主义新农村建设正处于起步阶段，需要积极做好各地区的规划工作，根据当地的实际情况，遵循因地制宜的原则，整合农村资源，科学处理城乡和地区发展的差距。在开展社会主义新农村建设工作过程中，对乡村地区进行改革是一项长期工程，需要全面的思考和充分的示范，我们还要积极做好各行业的发展与规划活动，协调好各地区的发展，以确保人与自然的和谐。唯有如此，才能避免走弯路和资源浪费。乡村规划要丰富多样，突出地方、地域、民族等特点。唯有如此，才能使城乡一体化不断向前发展。

（六）社会主义新农村建设和发展的多元化投入机制

目前，我国已进入工业对农业反哺、城市对农村辐射的阶段。要通过产业结构调整，整合财政资金，扩大产业资金来源，优化产业资本，调整投资方向，提高资金使用效率，充分发挥政府投资的导向作用，引导社会各方面参与新农村建设。我国要尽快建立多元化的投资模式，充分发挥政府部门、农民、社会等各方面的力量，使政府部门在社会主义新农村建设活动中起主导作用，农民成为社会主义新农村建设活动的主体，社会各方面的力量积极参与，形成社会主义新农村建设活动的主动性。此外，我国还要加大对社会主义新农村的投资力度，优化投资模式，使政府各方面的财力与农村劳动力充分结合，共同推动农村产业向多元化方向发展。

三、建设社会主义新农村的目标

在新世纪新阶段，全面推进社会主义新农村建设，是党中央提出的具有战略意义的新任务。这是一个十分复杂的系统工程，具有深刻的科学内涵。开展

新农村建设工作需要确立多元化的发展目标，不能只停留在狭义的视野。

作为一个广义的概念，新农村建设工作不仅涉及农村地区的区域经济、社会环境，而且还涉及政治、人文环境等诸多因素。因此，在确立新农村建设目标时，我们需要从政治视角、经济视角、社会视角、文化视角等多方面进行综合规划。从我国农村的现实情况出发，结合新农村建设的基本要求，社会主义新农村建设应该包括以下五个方面的具体目标：

（一）从政治角度制定的建设目标

社会主义新农村建设是一个长期的工程，从政治的角度来看，其工程实施离不开具有民主性的管理活动、科学的决策方法、完善的组织结构和法治性的手段。所以，在确立社会主义新农村建设的目标时，我们有必要从管理、决策、组织、制度四个方面制定出与之相适应的建设目标，以推动社会主义新农村建设朝着正确的方向不断发展、前进。

（二）从经济角度制定的建设目标

从经济角度方面出发，社会主义新农村建设工作离不开人民群众的不懈努力，这一努力不仅体现在农村、农业的发展上，还体现在农村居民收入水平上，也体现在农村居民生活条件上。在开展社会主义新农村建设活动时，我们必须把这一活动与发展乡村产业的工作相结合，使两者有机统一。这样才能提高农村居民经济水平，使社会主义新农村建设焕发出勃勃生机。

（三）从社会角度制定的建设目标

建设社会主义和谐新农村是社会的目标。从长远来看，只有全面推进农村社会进步，我们才能使农村地区朝着积极的方向发展。

（四）从环境角度制定的建设目标

为了更好地开展社会主义新农村建设工作，我们不仅要搞好农村经济建设，而且要搞好农村环境建设。这一目标要求我们，应该制定与之相适应的环境建设目标，以确保农村地区的环境能向整洁、优美的方向发展。

（五）从人本角度制定的建设目标

要实现现代化发展，我们必须全面落实"以人为本"的发展目标，紧紧围绕人的发展，进行人文环境建设。提高农村人口的综合素质，使农村劳动者成为有知识、有技能的新型农民。

第三节　社会主义新农村建设的重点、原则与政策建议

我们在开展社会主义新农村建设工作时，需要确定社会主义新农村建设的

重点、原则和相关政策与建议。

一、社会主义新农村建设的重点

（一）做好基础设施的建设工作

在社会主义进入新时代的大背景下，要想实现社会主义新农村的建设，我们需要从农村基础设施建设入手，实现农村居民生活条件的优化与调整，这样才能从根本上缩小城乡之间的差距。

（1）建设道路桥梁，方便农村居民出行，同时也能方便外来人员深入地了解农村地区的发展，并参与农村地区的建设活动。

（2）开展水资源建设工作，确保农村居民饮水安全，减少农业生产活动对水资源的污染，提高水资源利用率，同时实现水资源的回收利用。

（3）通过开展燃料设施建设，充分利用农村地区现有的生物资源，如农作物秸秆、人畜粪便等，减少工业生产活动对化石能源的使用，实现对生化能源的合理开发和利用。

（4）开展电力工程建设活动，为农村居民供电，同时为农业科技设备的使用提供电力基础。

（5）开展通信工程建设活动，加强农村与城市之间的交流，以更快的信息传递速度，打破农村发展空间隔绝的状态。

（6）加强农村公共活动场所和垃圾处理场所的建设，进一步提高农村居民的生活质量。

（二）健全新农村建设制度

开展社会主义新农村建设工作，不仅要解决农村硬件设施建设问题，而且要解决农村软件建设问题。要通过改革，调整农村产业结构，优化农村地区产业结构，增加农村社会救济等措施，为推进社会主义新农村建设提供有力保障。

二、社会主义新农村建设工作需要遵循的建设原则

在新农村建设中，我们要转变发展观念，创新发展方式，提高发展质量。因此，我们应该坚持以下四个原则：

（1）"规划第一"的原则。我们要把"规划"放在社会主义新农村建设的首要位置，严格遵循科学发展观，做好"五个统筹"工作，使农村结构协调发展，确保农村发展符合当代社会发展的要求。同时，我们也应该因地制宜，注重村镇的长期合理布局。村镇建设应分区域逐步推进，不应盲目加速，相互比较。

（2）"经济发展"的原则。在建设社会主义新农村的过程中，我们必须把经济发展放在新农村建设活动的重要位置，必须依靠经济发展的力量来提高农村的综合经济实力，使农村居民都能有较高的物质文化体验。

（3）"协调发展"的原则。在建设社会主义新农村的过程中，我们必须科学处理好经济与政治、城市与乡村之间的发展关系，使经济与政治、城市与乡村均能协调发展。城乡协调发展，既要体现经济发展的整体水平，也要体现与经济发展水平相适应的社会发展程度。

（4）"结合发展"的原则。建设社会主义新农村的目标和指标体系，要与国民经济和社会发展规划相结合，这样才能促进国家进步、社会发展。

三、社会主义新农村建设的相关政策建议

在现阶段，社会主义新农村建设是我国面临的一项重要而紧迫的任务，我们应抓住主要环节。在这个问题上，我们也要兼顾次要方面，即大家的共同努力。通过这种方式，我们才能将各方面的力量集中起来，从而更快更好地实现我们的宏伟目标。

（1）要积极做好农民培训工作，提高广大农民的整体素质。在社会主义进入新时代的大背景下进行新农村建设，要想农业发展顺利，就必须积极做好新型农民的培养工作，为社会主义新农村建设提供专业化人才。在社会主义新农村建设中，农民是一个重要组成部分，他们在整个建设活动中处于核心地位，与农村社会的发展速度和质量直接相关。农村居民教育和培训作为开展社会主义新农村建设的基本内容，不仅关系到农村地区的整体发展水平，也关系到国家的长治久安。通过开展农村居民教育培训活动，能有效解决当代社会发展中出现的"三农"问题，实现社会资源的全面整合，促进农村、农业两个方向的现代化。

开展社会主义新农村建设活动，首先，要做好新型农民的培育活动，保证农村居民既有文化、懂技术，又能经营，谋求发展。针对农村居民的教育和培养问题，国家相关部门将九年义务教育制度推广到我国农村地区，确保农村居民与城镇居民享有同样的受教育机会。鉴于农村环境的特殊性，为了让更多的农村居民更加注重教育工作，不断加大对农村地区的教育宣传力度，引导农村居民转变思想认识，使更多的农村居民能够积极主动地参与教育事业，确保农村居民的子女教育问题得到高度重视。其次，我国还要不断加大对农村居民的免费培训的力度，依靠培训提高农民的知识素质和技术水平。

（2）大力发展农村经济，科学统筹城乡发展。我们要充分利用社会资源，

调整农村社会经济发展格局，采取多种方式，协调城乡发展关系，缩小城乡差距，最终实现共同富裕，为建设社会主义新农村做出应有的贡献。在新农村建设活动中，政府部门需要从宏观上着手，运用宏观调控手段，搞好城乡生产基础设施的配置，科学协调城乡发展关系，整合城乡资源，实现城乡资源的合理配置。为此，政府有关部门应根据农村地区的发展情况，制定一系列适合农村地区的财政政策，以保证财政支出活动、固定资产投资活动、信贷投放活动都能向农村地区倾斜。与此同时，政府有关部门也要完善城乡一体化劳动力市场就业机制，确保城乡劳动力市场在公平竞争中得到发展，消除各种制约因素，促进农村劳动力专业化，科学协调城乡关系，维护社会公平，促进经济社会可持续发展。

解决"三农"问题，中国的出路在于减少农民的数量，因此在未来的新农村建设中，应进一步探索减少农民数量的途径。

（3）要积极做好乡村精神传承工作，体现乡村的地域特征。在新农村建设中，通过开展乡村文明建设，为新农村建设活动提供精神动力，是建设社会主义新农村的重要内容。我们必须正确把握新农村建设的着力点，牢牢把握农村经济发展过程中所形成的核心问题，这是社会主义新农村建设提出的必然要求。农村社会环境与城市社会环境的最大区别在于"情"，乡村社会具有"熟人"的特征。城市社会存在依靠法律手段也无法解决的问题，而乡村社会中的多数问题则能依赖于亲朋好友的关系迅速解决。所以，在社会主义新农村建设活动中，要积极做好农村乡风建设和宣传工作，通过精神文明建设活动，科学解决农村社会发展中存在的内在矛盾。同时，我们还应该开展各种评比、家访工作等，建立健全长效管护机制，提倡良好的生活习惯和生活方式，调动群众的积极性和主动性。

在开展农村精神文明建设的过程中，我们首先要抵制农村地区的不良风气，消除农村居民思想上功利化、封建迷信化的倾向，使农村精神文明建设活动更贴近农村居民的实际生活。我们应该从根本上调动广大农民参与精神文明建设的积极性，增强他们参与社会主义新型农村建设的自觉性。

第四节　正确处理社会主义新农村建设中的各种关系

一、新农村建设与构建和谐社会的关系

（一）构建和谐社会的含义

2002 年 11 月，党的十六大在阐述全面建成小康社会目标时，提出了实现社会更加和谐的要求。2004 年 9 月，党的十六届四中全会明确提出了构建社会主义和谐社会的重大战略任务，把提高构建社会主义和谐社会的能力确定为加强党的执政能力建设的重要内容。2006 年 10 月，党的十六届六中全会通过《中共中央关于构建社会主义和谐社会若干重大问题的决定》，提出按照民主法治、公平正义、诚信友爱、充满活力、安定有序、人与自然和谐相处的总要求，构建社会主义和谐社会。构建社会主义和谐社会重大战略目标的提出，使中国特色社会主义事业总体布局增加了"社会建设"这一重要方面，从而由经济建设、政治建设、文化建设"三位一体"扩展为经济建设、政治建设、文化建设、社会建设"四位一体"。

构建社会主义和谐社会，是我们党从中国特色社会主义事业总体布局和全面建成小康社会全局出发提出的重大战略任务，反映了把我国建设成为富强民主文明和谐美丽的社会主义现代化强国的内在要求，体现了全国各族人民的共同愿望。构建社会主义和谐社会战略任务的提出，使中国特色社会主义的发展模式更加清晰。这是我们党在探索中国特色社会主义道路上取得的又一个新的认识成果。

现代意义上的和谐社会是指社会各成员、群体、阶层之间和谐相处，人们互相尊重、互相信任、互相帮助，并且人与自然和谐相处的社会。换言之，和谐社会是各方面运行良好的社会。建设和谐社会，就是要使社会中的每一个公民，都享有充分的权利。它是使我们社会发展充分体现公平与正义的原则，也是使人民平等、友好、和谐、互助、诚信的基础；它意味着人人享有知识、劳动、创造性和才干得到充分尊重和发挥。建设和谐社会，就是既要使人民安居乐业，社会秩序良好，也要使人类与自然的关系和谐统一，实现可持续发展，使富饶的生活和美好的环境相得益彰。

（二）新农村建设是构建和谐社会的必要手段

新农村建设为构建和谐社会奠定了必要的物质基础。建设新农村，首先要

做的就是让农村富裕起来，摆脱贫困；其次要在繁荣农村的基础上发展农村各项事业，使社会朝着健康和谐的方向发展。如果农村仍然贫穷，谈论社会和谐显然是不合适的。推进社会主义新农村建设是我国社会主义改革与发展进程中一次带有全局性的战略调整，其重大的现实意义和深远的历史影响都不容低估。我们也必须清醒地认识到，社会主义新农村建设是一个综合性的、系统化的目标体系和长期的战略性任务。

构建和谐社会需要建设新农村，建立稳定的社会结构。作为农村现代化的一个重要组成部分，新农村建设不仅能促进农村经济的发展，提高农村城市化水平，为农村剩余劳动力提供就业机会，而且能提高农民素质，使其成为非农产业人口。

（三）新农村建设与构建和谐社会是相辅相成的辩证关系

构建和谐社会与新农村建设是一种相辅相成的辩证关系。新农村建设的顺利进行，有利于和谐社会的构建。农村社会生产力的解放和发展，重点是发展农村经济，这是我国社会主义新农村建设在社会主义初级阶段面临的首要问题。这个问题贯穿于我国新农村建设的各个方面以及整个社会生活之中。农业是国民经济的基础，农村经济是现代经济体系的重要组成部分。乡村振兴，产业兴旺是重点。我国人民日益增长的美好生活需要和不平衡不充分的发展的矛盾在乡村最为突出。

同时，构建和谐社会对于新农村建设的顺利进行也将发挥十分重要的作用。当今世界，大多数国家和地区都把发展作为首要任务，其都在不同程度地对其社会制度、结构及相关制度进行调整和完善，对社会各领域进行改革。但是，任何改革和发展都是一个历史过程，不可能一蹴而就，也不需要任何条件。

社会政治环境的和谐稳定是首要条件。当前，我国新农村建设所涉及问题的范围十分广泛，可以概括为农村改革与发展这两个问题，这既是农村改革与发展的问题，也是社会和谐与稳定的问题，新农村建设离不开和谐稳定的社会环境。新农村建设要求和谐稳定，只有社会和谐稳定，新农村建设才能取得实效。没有一个稳定的政治和社会环境，好的计划难以实现。新农村建设不仅仅是一个简单的概念，《中共中央、国务院关于推进社会主义新农村建设的若干意见》和《乡村振兴战略规划（2018—2022 年）》颁布之后，这一概念才真正成为一项需要认真对待和贯彻执行的重大任务和战略决策。建设新农村是一项复杂的系统工程。所以，没有和谐稳定的社会政治环境，就不可能取得伟大的成就。

二、新农村建设与实施城乡统筹的关系

城乡二元结构与非均衡发展,是我国共同富裕目标实现的重大障碍与瓶颈。能否实现城乡协调发展,关乎社会的稳定与人民生活水平的提高与否,是社会公平与正义落实与否的重要体现。因此,加快发展农村经济,努力践行先富带后富的发展思想,以城带乡,以工带农,缩小城乡差别,实现城乡协调发展,是实现共同富裕宏伟目标的重要路径选择。

统筹城乡发展的新目标。统筹城乡发展,重要的是统筹城乡基础设施建设。基础设施是为国民经济正常运转提供公共服务并保证其社会扩大再生产得以顺利实现的各种物质技术条件的总和。基础设施是为公共经济和生活提供服务的一种公共服务产品,而不是私人产品。基础设施是社会扩大再生产所需的公共物质技术条件,即社会所有部门都需要的共同条件。基础设施是一国或地区国民经济发展的充分条件和保障基础。基础设施不仅包括有形的物质存在形式,也包括各种无形的公共条件。

统筹城乡,主要任务就在于解决发展过程中的非均衡性,实现协调性的发展。一方面,在城乡经济普遍增长,市民与农民生活水平共同提高的同时,我们应承认城乡自我积累、自我发展能力的不平衡,允许和鼓励城市继续发挥和利用自身优势,在公平竞争中率先发展并注重对农村发挥带动作用和辐射作用。另一方面,我们还应有区别、有重点和有选择地将有限的资源投向城乡优势地区,以期实现高效益产出并利用其扩散效应带动落后地区的发展。我国条件成熟的城市地区在改革开放以来,在经济、政治、文化的发展上都取得了令人瞩目的成就。以协调发展为核心,加快发展农村经济,实现城乡和谐发展,是全面践行科学发展观,建设社会主义和谐社会,实现共同富裕的首要任务。

新农村建设是统筹城乡基础设施建设的内在要求。在社会主义新农村建设中,统筹城乡基础设施建设特别是农村基础设施建设是实现新农村目标的基本保证。

(1)生产发展要求有良好的水利基础设施和给排水网络系统。加快水利基础设施和给排水网络建设是统筹城乡基础设施建设的重要内容。通过改善水利设施,大力推广农业节水技术,积极发展旱作农业和牧草业,有利于不断提高灌溉率。

(2)提升农业综合生产能力,要求有良好的土壤条件和不断改善的土质。农村基础设施建设的一个重要目的是增强土地资源的功能,改善动植物生长的外部条件。通过土壤改良,可以增强抗灾能力;通过植树造林,加强江河流域

治理，加大河道生态防洪工程建设和对河流的综合治理开发利用，能够有效地调节气候，保持水土、防治风沙，改善生态环境，为农业综合生产能力的提升创造一个适宜的生态环境，使农业防范灾害的能力增强。

（3）农民生活宽裕、乡风文明、村容整洁和管理民主的新农村建设，要求有完善配套的连接城乡的交通设施、电力电网和信息网络系统。按照基础设施城镇化、服务设施社区化的要求，我国需要加快农村基础设施现代化进程。通过着手实施以中心村（农村社区）和中心镇为重点的农村基础设施提升工程，以路网建设带动商贸物流、农村客运、乡村旅游等产业发展，使农民收入水平不断提高，农民生活质量和乡风民风有较大改善；通过电信、电力、给排水、环保设施和其他生产生活设施的全面改善，使农村的人居条件和人居环境不断优化；通过借助各种信息资源和网络平台，使村务公开化、透明化，推进村级议事决策和行政管理决策民主化、制度化、科学化。

（4）新农村建设要求统筹社会基础设施建设。通过加大政府或社会公共部门对人力资本、财力资本等的投入，可以产生对社会资源的聚集、转移效应，促进城镇人才、资本等要素向农村流动，优化资源配置，改善农村社会经济发展所必需的社会条件，改善农村教育、科研和农技推广等方面的基础设施状况，促进农村科技教育发展，从根本上提高农业劳动者的素质，增强农村科技人员和管理者的技能才干，增强农民的民主管理意识。

我们要统筹城乡发展，以政策带动农村发展，协调城乡发展步伐，建立资源互补机制，通过工业反哺农业、城市反哺农村，尽快缩小城乡差距，实现城乡协调发展。这不仅仅是邓小平同志提出的城乡科学发展道路，更是实现现代社会的公平和公正、建设社会主义和谐社会、实现全民共同富裕的需要。

三、新农村建设与农民工返乡创业与就业的关系

（一）有助于农村经济结构调整

如果农民想摆脱贫困，变得富有，过上富裕的生活，他们不能仅靠种植来实现他们的目标，农村经济结构必须调整。然而在经济结构调整过程中，农民必须首先确保他们有食物，特别是在人均耕地较少的地区。面对有限的土地资源，他们仍然需要满足整个家庭所需的粮食作物，然后才能谈论种植结构的调整。目前，返乡农民工对农村经济结构调整的影响是积极的。相当多的返乡农民工已经换了工作，他们从事各种行业，包括农业、工业、建筑、交通、商业、服务业等。由于他们的工作经验丰富、思想开放、观念转变快、视野开阔，他们知道单靠农业无法摆脱农村的贫困落后，更不用说致富了，所以他们

积极主动地进行经济结构调整，从农业转向非农产业。在他们的示范和推广下，一些不外出工作的农民也将受到影响，转向非农产业。这无疑会以很低的成本促进农村经济结构调整，改变农村原有的相对单一的种植结构。

（二）有利于吸纳农村剩余劳动力

在农村剩余劳动力的分配中，就地利用无疑是一种不可或缺的方式。返乡农民工是农村剩余劳动力就地利用中不可忽视的新的重要因素。他们在当地利用农村剩余劳动力方面发挥着示范和主导作用，是当地利用农村剩余劳动力的骨干力量。返乡农民工吸收了一部分农村剩余劳动力，开始了自己的事业。随着企业的发展，吸收农村剩余劳动力的人数将继续增加。在一定程度上，他们在帮助政府解决就业问题方面发挥了作用。

（三）有利于释放个人潜能

（1）返乡农民工在创业过程中会面临许多新问题，这迫使他们学习新的文化和科学知识，而学习过程本身就是一个提高自身素质的过程。

（2）面对新的形势和问题，返乡创业者必须思考并寻求解决问题的办法。他们的思维能力、判断能力、决策能力和执行能力将得到全面提高。

（3）返乡农民工在创业过程中必须经历市场风暴的洗礼。面对日益激烈和残酷的市场竞争，创业既有成功也有失败。这些经验和教训无疑是返乡创业的农民工最重要的财富，他们从中受益匪浅。总结经验，吸取教训，将进一步提高一个人的能力。基层政府每年在农村经济建设中都有计划，但一个普遍现象是，地方政府经济发展的大部分计划都不包括返乡农民工创业，这是一件非常令人遗憾的事情。为了将返乡农民工创业纳入规划，返乡农民工创业必须有明确的基础。他们代表自主创业的农民工，政府应定期或不定期举办研讨会，了解他们的想法。乡（镇）政府应该将农民工创业纳入统一规划，提出决策的具体方案。

第二章 乡村振兴背景下新农村的人才需求与趋势

　　建设社会主义新农村，农村人才资源是关键。农村人才资源的建设与发展离不开对农村人才资源的支持，而农村人才资源又是推动农村社会经济发展的重要力量，因此，在发展过程中，我们必须不断缩小城乡差距。在社会主义新农村建设活动中，农村人才资源开发是一项重要内容，我们要积极做好农村人才资源的开发工作，不断提高农村人才开发水平。我们可以通过培养和引进有文化、懂技术、会管理的人来参与社会主义新农村建设，使社会主义新农村建设焕发出勃勃生机。

　　为了推进社会主义新农村建设，党和政府必须树立正确的人才观，正确认识和对待农村人才，在加大资金投入和政策倾斜力度的前提下，积极做好农村人才资源的开发工作，以农村人才资源为动力，以社会主义新农村建设为最终目标，推动农村社会政治、经济、文化、科技等各方面的发展和进步。目前，我国许多基层村庄都参与了人力资源管理活动，并取得了一些令人瞩目的发展成果，但从基层村庄的总体情况来看，还存在着很多不足。

第一节　人才与农村人才的概念、特征与作用

一、人才与农村人才的概念与特征

（一）人才的概念

　　对"人才"一词的概念进行把握时，我们必须认识到人才的本质特征。我们在定义人才时，一般从人才的本质特征出发来解释和界定人才的科学内涵。总之，人才所具备的特征主要表现在三个方面，即优越性、创造性、奉献力。

1. 优越性

人才所具备的优越性是指人才所具备的素质或者是人才所具备的能力。一般来说，人才在一个或几个方面具有常人没有的优越品质。例如，高等教育背景、道德品质、智商和资质等，优秀的语言能力、组织能力、执行能力和创新能力等。任何具有这些高品质或能力的人都可以被称为有才华的人。

2. 创造性

创造性人才的劳动不同于普通人的模仿和重复劳动，是创造性的。创造性劳动是一种复杂的劳动，需要在以往经验和成就的基础上进行突破和创新。创造性工作通常需要更高的知识、经验、智力或能力，以及更高的成本。它所创造的成果可以给组织、个人提供巨大的发展效益，能够推动社会进步与发展。

我国把建立"创新型国家"定为战略目标，企业把创新作为转型升级的重要途径，大众创新创业的热情空前高涨。但是，中国要成为创新型国家，不缺创新的意志、创新的热情，也不缺创新的市场，甚至不缺创新的资金，最缺的是大量的具有创造力的人才。不过，相对于我国巨大的人口规模和潜在的人才规模，相对于我国巨大的经济总量，无论是在科学技术成就、人文艺术贡献，还是新产品新品牌新商业模式方面，具有创造性的人才的数量，都显得很不相称。创新取决于创造性人才，创造性人才取决于教育。在这个意义上，教育决定未来。科学探索、技术突破、商业创新，仅靠知识是不够的，还需要有好奇心和想象力，还需要一种开放的、多样的心智模式。

3. 奉献力

杰出的贡献或人才的劳动成果往往是创造性的，人才的贡献远远大于普通人。人才的创造力决定了他能取得比以前更大的成就，并超越普通人的成就。因此，就个体而言，人才的贡献远远大于普通人。正因为如此，人们经常根据他们贡献来衡量人才的水平和价值。

除了上述基本特征之外，人才还具有时效性、社会性、稀缺性、普遍性、多样性和差异性等一般特征。如果我们掌握了这些基本特征，我们就能把人才和普通劳动者区分开来。

（二）农村人才的概念

我们在认识"农村人才"时，需要从三个方面着手，即居住位置、擅长技能、社会贡献。因此，我们通常情况下对"农村人才"下定义时，首先需要保证"农村人才"拥有"农村"这一身份，即居住在农村地区、在农村地区生活的纯农村人口，以及那些在城镇工作但具备农民身份的人员；其次需要保证"农村人才"具备"人才"身份，即拥有一技之长，能够在农村经济社会发展进程中做出贡献或者是已经为农村地区的发展做出贡献。

根据我国中共中央办公厅以及国务院办公厅针对农村人才建设与发展所发表的《中共中央办公厅 国务院办公厅关于加强农村实用人才队伍建设和农村人力资源开发的意见》，我们将具备一定知识或者一定技能的，能够在农村社会政治、经济、文化、科技、医疗、卫生等方面做出贡献的，并且能够在农村建设中起到模范带头作用的农村劳动者称为"农村实用人才"。"农村实用人才"在广大农民群体中发挥着表率作用，能够成为社会主义新农村建设的先行军，是当代社会发展建设人才队伍的重要组成部分。

在社会主义新农村建设活动中，"农村人才"是指通过创造性工作，能够或已经对农村共同繁荣和市场经济发展做出贡献，并在农村广泛的社会实践活动中对文化、科学、劳动和管理技能有一定了解的人。"农村人才"是一个庞大的人才体系，不仅涉及农村基层干部，还涉及为农村社会经济做出贡献的农民企业家、专业户和个体工商户，以及农业生产领域的技术创新专家等。

1. 农村人才具备的特征

将"农村人才"概念作为研究基础，对农村人才资源进行分析，我们能够发现农村人才资源不仅具备普通人才资源所拥有的共同特点，还具备农村人才资源自身的特点。农村人才资源所具备的特点主要有三个：

（1）广泛性。

"广泛性"是农村人才所具备的首要特征。农村人才所具备的"广泛性"主要表现在两个方面：一方面是指人才的分布范围，另一方面是指人才的应用类型。农村地区必须有农民，由农民所开展的各项农业活动均是农民所必须从事的。但凡有农业活动开展的地方，均是生产农村人才、培养农村人才的地方。农村地区所拥有的人才类型并不是单一的，而是丰富多样的，包括领导者、管理者、技术人员。

（2）分散性。

由于不同地区经济和文化存在差异，不同地区人才的数量和水平也有差异。当前农村地区的经济受到多种因素的制约，尤其是在我国中西部发展地区，没有专门的管理机构、业务培训机构或专门的农村人才行为准则。与人才相对集中的行业相比，农村人才具有一定的分散性。

（3）自主性。

农村人才的自主性与农村生产权力下放密切相关。他们较少受到某些劳动纪律的制约以及人才管理系统的管束，无论是劳动时间还是劳动领域均由农村人才独立自主地安排。

广泛性、分散性与自主性是农村人才区别于其他类型人才的本质特点。另外，农村人才还具有艰苦、冒险的特点。

2. 农村人才的种类

（1）乡村规划人才。

乡村振兴，规划先行，规划是乡村振兴的灵魂与核心。没有一个好的乡村振兴发展规划，乡村振兴就无从谈起。改革开放 40 多年来，特别是经过新农村建设、脱贫攻坚和美丽乡村建设活动的开展，农村发生了翻天覆地的变化，人们生活水平大幅度提高，乡村基础设施与生态环境得到了很大的改善，城乡差别也在缩小。但不可否认的是，不少地方的农村似乎不再像农村，也不像城市，很多人感叹再也回不去原来的乡村，"乡愁"不见"乡"只剩"愁"了。这样的局面，很大程度上是我们在乡村建设时所做的规划出了问题而造成的。其实把乡村建设当作新生事物也未尝不可，尽管历史上我们的乡村建设也不错。但近几十年来我国的建设重点都在城市，很少顾及农村，因此很少有做乡村规划的专家人才。前些年做乡村规划的人都来自城市规划设计院、园林规划设计院、旅游规划研究院等相关单位，他们对农村的了解、对农民的感情又能有多少呢？所做出来的作品又怎么能切合农村的实际需要呢？现在我们要乡村振兴，乡村的产业、文化、生态、组织就要进行规划和设计，这就需要做好顶层设计，需要一批懂农业、爱农村、爱农民、有情怀、懂规划，能落地设计的复合型乡村规划人才，让他们积极主动地参与乡村规划。

（2）农业技术人才。

科技是第一生产力。我国农业之所以发展缓慢，技术落后是主要原因之一。当然这并不是说我国的农业科研水平有多落后，而是我国农业科技成果的转化率低，只有 30%~40%，仅为欧美发达国家的一半。因此农业生产中使用的技术依然比较落后。因为农村严重缺乏农业技术人才，很多有效的先进技术无法传播，无法执行下去。一方面是直接从事农业的劳动者多为 50 岁以上的中老年人，他们受教育程度较低，对技术的接收能力和接受意愿较差。另一方面是从事技术推广的人员太少，一个乡镇的几个农技人员可能自己都不太专业，还要服务几千甚至几万农民，自然不能产生太大效果。那些农业类高校毕业的学生很多都转行了，很难回到农村从事技术服务。这类人群主要是在一些农资公司如肥料、农药企业兼职做农技服务。这类人群并不十分专业，更多是为了销售自己的产品。现在农村急需懂技术、有爱心，愿意为"三农"服务的技术人才。

（3）农业规模经营管理人才。

做产业讲究规模效益，这在农业上面似乎不灵。很多农业企业在小规模时做得风生水起，效益很好。一旦扩大规模，几年下来就垮掉了。这与农业产业的特殊性有关，特别是种植业；也与农业企业的管理模式和管理者的能力密切相关。当前农业产业要发展壮大，就要放弃沿用小农户经营管理模式，规模化经营是必然的趋势。要做好规模企业的经营管理，就需要大量懂农业规模经营的人才。

（4）复合型村级管理人才。

实施乡村振兴战略，需要一个具有复合型人才的村级领导班子，需要复合型村级管理人才。村支书、村委会主任尽管职位不高，但其水平高不高、能力强不强、作为不作为，直接影响到村子的发展。现在不少村子都把外地做企业做生意成功的人员请回来当村支书、村委会主任，这值得肯定，但也不宜盲目。毕竟村里的工作比一个企业的工作更复杂更难管理，能管理好一个企业不一定能管理好一个村庄。空降的村支书多是公务员，有资源有背景有能力，但也往往水土不服，还需要不断地适应农村生活。因此，村级管理人才还要不断加强学习，打铁必须自身硬，只有这样才能带动村民发家致富。

（5）农村电商人才。

农村从来不缺乏好产品，但往往缺乏把好产品卖出去和卖出好价格的渠道。随着抖音、快手、微信等自媒体平台的普及，农民在家就可以宣传、销售农产品了。因此有技术、懂产品、会营销的农村电商人才在农村的发展空间非常大，也是现在农村急需的人才。

（6）创意农业人才。

传统农业集中在种植业、养殖业和农产品加工业，这都是比较辛苦、利润较低的产业。要实现农业产业的升级，创意农业是发展方向之一。创意农业是指有效地将科技和人文要素融入农业生产，进一步拓展农业功能、整合资源，把传统农业发展为融生产、生活、生态为一体的现代农业。创意农业能催生出特色农业、景观农业、科技农业、都市农业、休闲农业等新兴产业形态。这些新兴产业形态具有优良的社会效益，能吸引大批企业和投资商，使"低劣形象"的传统农业逐步转变为"创意、时尚、休闲、生态"的新时代农业，能提升农产品附加值，拓展了农业的产业链条。目前我国创意农业还处在起步阶段，急需大量创意农业人才加入进来。

（7）资源整合人才。

乡村要振兴，需要大量的人力、物力、财力，纯粹靠当地村民或靠政府支持是难以为继的。农村的衰落与农村的人才大量外流是密不可分的，如何吸引这些外流到城市的人才回归家乡，让他们回乡创业、投资农业产业，带动家乡的发展，是值得每个乡村思考的。无论多么成功的企业家，往上几代都是农民，他们的根在农村，其中不少人都怀有乡愁，有故乡情，有的甚至有衣锦还乡、光宗耀祖、叶落归根、回报家乡的想法。农村需要一批能力强、懂政策、善于沟通、能整合各种资源的人才，因此应为返乡人才提供良好的条件，吸引各种能人乡贤回乡，带动地方经济发展，弘扬传统社会文化风尚，强化乡村治理。

除了以上7种人才以外，农村还需要大量的高素质新型职业农民，他们才是建设新农村的主体。实施乡村振兴，需要各方面的人才，这就必须破解人才瓶颈的制约。我们要把人力资本开发放在首要位置，畅通智力、技术、管理下乡通道，造就更多乡土人才，聚天下人才而用之。只有这样才能推动农业全面升级、农村全面进步、农民全面发展，实现农业强、农村美、农民富。

二、农村人才的地位与作用

社会主义新农村建设在开展过程中，需要将经济发展活动与资金投入活动作为开展基础，将人才培养、人才引进作为发展关键。为此，在社会主义新农村建设中，需要对人才培养工作、人才引进工作给予高度重视，积极做好农村人才的培养工作以及农村人才的引进工作，使农村人才能够成为社会主义新农村建设的主力军。

（1）科技人员在社会主义新农村建设中发挥着"孵化器"作用。农业生产活动想要高速发展，丝毫离不开现代化科学技术的支持与推动，这就需要参与农业生产活动的农村人才具备使用现代化高新技术的能力与水平。因此，在农业发展的过程中我们要充分利用远程教育形式，组织农民学习先进的农业生产知识以及农业生产技术；组织广大科技人员深入农业发展的一线，积极做好科技示范基地、工业园区的创建工作，依靠科技人员带动农业的发展。科技人员将科研成果、高新技术项目带入村户，依靠科研成果、高新技术项目保证粮食生产质量，提升粮食生产量，完成科技成果到生产成果的转化。在农业生产活动中，在有效利益驱动机制的作用下，科技人员积极做好与农民之间的沟通与交流，实现高新技术项目、科研成果的传递与交流，完成利益共同体的创建与发展，实现利益共享、风险共担，由科技人员对农业人员进行科学引导，确保农民能够科学种植，并帮助农民做好品种、产业、技术的选择工作，将科技人员在农业生产与发展中的引导作用充分地发挥出来。因此，我们将科技人员视为现代农业的"孵化器"，科技人员努力做好农业生产活动的引导工作，带领农民走向致富之路。

（2）基层农技人员在社会主义新农村建设中发挥着"解码器"的作用。社会主义新农村建设离不开基层农业技术人员的支持。相关调查显示，基层农业技术人员的总人数占据整个乡镇干部成员的1/3，这些基层农业技术人员不仅有一般农业技术人员，还有林业管理人员以及经营管理人员等。从结构视角来看，近年来农业发展结构逐步面临调整与改革，部分农民在农业生产活动中受未知因素的影响，唯恐项目运营出现赔本，或者是与市场需求相差过大，在农业生产活动中就会畏首畏尾，这就对我国农业生产活动与经济发展活动产生了一定的制约。这个时候，基层农技人员在农业生产与经营过程中所具备的作用与价值就充分展现出来了。基层农业技术人员要以个人所熟悉的政策、规章为基础，积极做好与农业生产者、经营者之间的沟通、交流，帮助农业生产者、经营者解决农业生产活动、经营活动中所存在的各种问题，使农民能够正确选择农业生产防线，积极应对农业生产中所存在的技术难题、管理难题。与此同时，基层农业技术人员可以在本地区带头开展示范区、示范点的创建工作。基层农技人员身处在农村这一大环境中，能够帮助农民积极应对农业发展中所存在的"三农"问题。

（3）乡土人才在社会主义新农村建设中发挥着"驱动器"的作用。在社会主义新农村建设的进程中，农村地区的农业发展活动呈现出一种由弱到强的发展局面。想要进一步推动农村地区农业的发展与进步，就需要找准农村生产力中的最活跃因素，将整个农业生产活动的价值与作用发挥出来。通过实践与发展我们可知，农业生产中的最活跃因素就是"懂管理""会经营"。只要对具备一技之长的乡土人才进行必要的科学指导，这些乡土人才就能够灵活运用现代化科学技术将个人专业能力发挥出来。为此，在社会主义新农村建设活动中，我们需要对乡土人才的挖掘工作、培养工作给予高度重视，通过对乡土人才进行培养与塑造，将乡土人才的作用充分地展现出来。我们可通过定期对这些人才进行集中轮训，实现对乡土人才的"充电"；积极做好科技示范服务基地的创建工作，为乡土人才提供自主创业与发展的良性平台；优化农业发展环境，为乡土人才的创业活动提供必要的创业手段，充分调动乡土人才的创业热情。我们还可以将生产要素转向农村，激发农村内部的发展活力，使农村地区的乡土人才能够成为推动本地区农村经济活动朝着市场化发展的"驱动器"。

（4）龙头企业经营管理者在社会主义新农村建设中发挥着"起搏器"的作用。社会主义新农村建设离不开龙头企业的参与。龙头企业的经营管理者是将农产品推向市场的重要枢纽，在整个农业市场中起到关键作用。龙头企业经营管理者与农业、农民相贴近，与外部大市场相贴近，在市场运作过程中对市场中的各项波动尤为敏感，能够对市场发展动态有一个正确的把握，并在市场发展过程中将"起搏器"功能充分地展现出来。现如今，农村龙头企业的数量不断增加，农村市场中的竞争也越来越大，如何处理好农业市场中出现的"三对矛盾"就成为当代农业发展的重要命题。农业市场中所出现的"三对矛盾"：农民对市场所产生的恐惧心理同农业生产经营过程所产生的多重风险之间的矛盾；农业小生产活动同大市场运营之间的矛盾；农民分散生产活动同规模化经营之间的矛盾。无论是农村发展，还是农业发展，均需要积极做好农业与工业之间的对接工作，促使农业朝着产业化的发展方向不断前行。在农业产业化的发展进程中，我们要积极做好龙头企业的工作，将农村企业家在农业生产与发展中所具有的作用与价值充分地发挥出来。在整个市场经济发展过程中，我们需要将市场经济法则贯彻落实到工农业发展的整个过程中，兼顾好城乡发展，将农业生产经营活动在产业链条中所起到的作用与价值充分地发挥出来。因此，在社会主义新农村建设中如何兼顾好城乡发展，在产业化链条中将农业价值发挥出来起到了关键作用。在整个产业发展过程中，各级党委以及政府部门需要对农业发展的龙头企业高度重视，将城镇化、工业化、农业产业化作为发展重点，促使龙头企业壮大。

（5）农村党员干部在社会主义新农村建设中发挥着"调节器"的作用。在众多农民心中，农村党员干部是其行动的标杆。农村党员干部的行为对农民产生直接影响。然而，在社会主义新农村建设中，农村党员干部如何发挥出积极的带头作用？这已成为当代新农村建设中的重要问题。实践证明，农村党员干部不仅要带头谋发展、带头谋生产，通过辛勤劳动带动农民致富，还要拥有良好的以民为本的发展意识，严格遵循上级部门的部署与安排，在农村地区积极配合水利工程、道路工程等基础设施的建设活动，配合当地政府立足于本地区的实际发展情况，找准适合本地区的发展产业，实施"基地+农户+能手+企业"模式，积极做好经济的发展活动。与此同时，农村党员干部还需要做好对本地区农民的教育培训工作，全面推行农民知识化工程，不断提升农民的农技水平，并将贫困户帮扶工作落实到位，全面开展"一帮一、一助一"活动。

第二节　建设社会主义新农村的人才供给与需求分析

一、建设社会主义新农村的人才供给分析

（一）改革开放政策实施后农村人才队伍建设成果

我国自改革开放政策实施后，农村人才队伍建设工作的成果主要表现在三个方面：农村人才队伍的数量、农村人才队伍的质量、农村人才队伍的结构。

（1）从农村人才队伍的数量来看，我国实施改革开放政策后，农村人才队伍数量呈现持续上涨趋势。我国通过开展农村人才培养工作，积极落实对农村人才的开发与引进工作，不断壮大农村人才的队伍，开辟农村人才的发展渠道，为农村人才提供优越的发展环境，让更多优秀的农村人才脱颖而出，促使农村人才队伍的数量呈现出一种持续增长的趋势。

（2）从农村人才队伍的质量来看，我国实施改革开放政策后，农村人才队伍的综合素质得到显著提升。近年来，我国各级党委、政府部门将人才素质建设作为农村人才队伍建设的发展重点，立足于我国农村地区的实际情况，制定出一系列有效的政策、措施，实现对我国农村人才队伍素质的全面提升。尤其是在干部人事制度改革的背景下，农业管理部门的领导制度不断更新与发展，在进一步提升各级农业管理部门领导的综合素质的同时，也让领导干部队伍不断壮大。

受城乡一体化战略目标的影响，通过发展农业，提升农业发展队伍，农村与城市之间的差距正在逐步缩小，不少城市企业为农村人才提供职业培训、在线指导的服务，不断提升农村人才的技术水平，促使农村人才走向一条不断发展的道路，使农村人才成为带动农村地区经济发展的重要动力。

（3）从农村人才队伍的结构来看，我国实施改革开放政策后，农村人才队伍的结构随之得到优化。如今，我国农业行政人才、农业经营管理人才、农业专业技术人才中非农业专业基础人才在人才总量中所占据的比例大幅度提升，尤其是在农业行政管理人才、农业经营管理人才方面表现得最为突出，有不少经济、工业、外贸等方面的专业基础人才参与农业行政管理、农业经营管理，促使农业人才队伍朝着知识结构多元化、专业类型多元化的方向不断发展。

（二）我国农村人才队伍供给的现状

（1）总量不够。2014年年底，农村实用人才总数约为579.1万人，占全

国农村劳动力的 1.2%、农业人口的 0.6%。2019 年年底，全国农村实用人才总量突破 2 000 万人，其中新型职业农民超过 1 500 万人，全国农业科研人才总量达到 62.7 万人，农技推广机构人员近 55 万人。虽然数量稳步提升，但是总量仍然不足。

（2）结构不合理。近 60% 的农村实用人才集中在农业生产上，能够引导农民获得农业以外收入的技能型和管理型人才比例相对较小。在生产性能源中，84% 的人从事耕种，只有 16% 的人从事农产品加工。

（3）人才严重流失。一线尤其是偏远农村人才流失较多。政府制定的支农惠农政策常常缺乏执行者，农村发展产业缺乏有足够能力和社会责任感的带头人，缺少一批懂农业、爱农村、爱农民的带头人。农村尤其偏远地区农村经济基础薄弱，条件不够优越，城乡发展不均衡，基础设施和社会公共服务差距悬殊，对人才吸引力不够，导致人才从农村流向城市，不仅有大量优秀的农村青年通过高考离开了家乡，而且绝大多数普通农村青年全年都在外面做生意和打工。

（4）不同地区的人才分布不平衡。人口流动情况呈现"四周丰富，中间凹陷"的情况。我们按照流入量将各省份分成三类：净流入地区、动态平衡地区和净流出地区。净流入地区除了北京和天津，还包括中国东部沿海的几个省份，从北到南依次是江苏、上海、浙江、福建和广东；西部一些省份是人口动态平衡地区；净流出地区主要包括安徽、河南、湖南、四川、江西、湖北、广西、贵州和河北。我国人口的流向不是"从西到东"而是"从中到东"。中国农村人才分布的梯形差异是明显的。

总体而言，由于对农村实用类人才资源重视程度不够，挖掘、培养力度小，实用人才总量不足、文化层次总体偏低、人才队伍结构不合理，不能满足乡村振兴需求。与此同时，农村人才老龄化问题日益突出。

（三）农村人才流失现状

1. 农村外流人口主要是年轻人

目前，农村外流人口正在增加。在市场经济条件下，城乡巨大的经济差异和追求经济发展的强烈愿望，导致越来越多的农民涌入城市。20 世纪 80 年代初，我国进城农民不到 200 万人，2005 年超过 2 000 万人，2010 年后达到 6 000 万至 7 000 万人，约占农村劳动力总数的 1/7。根据国家统计局农村社会经济调查小组的调查结果，2014 年我国城镇雇用了 1.139 亿移徙工人，占农村劳动力总数的 6%。国家统计局进行的抽样调查显示，2014 年年底全国约有 1.182 亿农民工，占农村劳动力的 23.8%。2015 年年底，农民工人数超过 1.25

亿，同比增加 755 万人，增幅 6.4%。

国家统计局发布的数据显示，2019 年农民工总量达到 29 077 万人，同比增加 241 万人，增长 0.8%。其中，本地农民工 11 652 万人，同比增加 82 万人，增长 0.7%；外出农民工 17 425 万人，同比增加 159 万人，增长 0.9%。

在全部农民工中，男性占 64.9%，女性占 35.1%。女性占比提高 0.3 个百分点。其中，外出农民工中女性占 30.7%，同比下降 0.1 个百分点；本地农民工中女性占 39.4%，同比提高 0.8 个百分点。

在全部农民工中，未婚的占 16.7%，有配偶的占 80.2%，丧偶或离婚的占 3.1%；有配偶的占比同比提高 0.5 个百分点。其中，外出农民工有配偶的占 68.8%，同比提高 0.7 个百分点；本地农民工有配偶的占 91.3%，同比提高 0.5 个百分点。农民工平均年龄为 40.8 岁，同比提高 0.6 岁。从年龄结构看，40 岁及以下农民工所占比重为 50.6%，同比下降 1.5 个百分点；50 岁以上农民工所占比重为 24.6%，同比提高 2.2 个百分点，近五年来占比逐年提高。从农民工的就业地看，本地农民工平均年龄 45.5 岁，其中 40 岁及以下所占比重为 33.9%，50 岁以上所占比重为 35.9%；外出农民工平均年龄为 36 岁，其中 40 岁及以下所占比重为 67.8%，50 岁以上所占比重为 13%。由于新冠肺炎疫情，2020 年全年农民工总量为 28 560 万人，同比减少 517 万人，同比下降 1.8%。其中，本地农民工 11 601 万人，同比下降 0.4%；外出农民工 16 959 万人，同比下降 2.7%。这是我国农民工数量首次出现下降。

综上所述，中国农民工的平均年龄相对年轻，而这一群体是农村劳动力中拥有较高教育水平的群体。

2. 农村流动人口的教育水平相对较高

农村年轻人多数是农民工，他们往往也是农村受教育程度最高的人。与农村人口的教育相比，农民工的教育水平明显更高。2021 年，我国印发《教育部等四部门关于实现巩固拓展教育脱贫攻坚成果同乡村振兴有效衔接的意见》（以下简称《意见》），对进一步巩固拓展教育脱贫攻坚成果，有效衔接乡村振兴战略，持续推动脱贫地区发展和乡村全面振兴做出要求。《意见》明确了重点任务，具体内容如下：

（1）建立健全巩固拓展义务教育有保障成果长效机制。巩固拓展义务教育，保护义务教育办学条件成果、教育信息化成果、乡村教师队伍建设成果。

（2）建立健全农村家庭经济困难学生教育帮扶机制。精准资助农村家庭经济困难学生，继续实施农村义务教育学生营养改善计划，完善农村儿童教育关爱工作，加强农村家庭经济困难毕业生就业帮扶工作。

（3）做好巩固拓展教育脱贫攻坚成果同乡村振兴有效衔接重点工作。加大脱贫地区职业教育支持力度，提高普通高中教育质量，继续实施重点高校招收农村和脱贫地区学生专项计划，实施国家通用语言文字普及提升工程和推普助力乡村振兴计划，打造升级版的"一村一名大学生计划"，推进乡村振兴育人工作。

（4）延续完善巩固拓展脱贫攻坚成果与乡村振兴有效衔接的对口帮扶工作机制。继续推进高校定点帮扶工作，优化实施职业教育东西协作行动计划，持续推进高校对口支援工作，继续实施系列教师支教计划。

2020年，我国劳动年龄人口平均受教育年限达到10.8年，劳动年龄人口的人均受教育年限统计的是16~59岁的劳动力受教育状况。这对一个国家整体国民素质的提高、国家的发展都具有基础性作用。国家力争在"十四五"末期，把劳动年龄人口平均受教育年限提高到11.3年，意味着2025年我国劳动年龄人口平均受教育水平将达到高中二年级以上的教育程度，这对于建设现代化国家、建设教育强国都具有十分重要的意义。从以上分析我们可以看出，农村流动劳动力规模保持了增长势头。农村流动人口主要是中青年，受教育程度较高。这些流出农村的中青年农民是农村的骨干、中坚和核心力量。他们可以说是农村的"人才"。这些人的外流极大地影响了农业和农村地区的发展。

3. 年轻人从农村涌入城市，农村留下的大多是老人和孩子

"农村留守儿童"这个名称的背后是一个脆弱群体的一种酸楚的生活状态。在他们最需要父母拥抱的时候父母却为了生活远离家乡，一年到头只能见上一两次面。父母的外出使留守儿童无法得到细致的照料与关怀，使其面临着成长风险和安全隐患。公安部门统计数据显示，被拐卖儿童群体中，第一多的是流动儿童，第二多的是留守儿童。另外，女孩受到性侵害又不能及时得到父母帮助，极易酿成严重后果。调查显示，有49.2%的留守儿童遭遇过意外伤害，比非留守儿童高7.9个百分点。农村"留守儿童"大多跟祖辈一起生活，由于文化层次较低，祖辈对孩子比较溺爱，只求孩子平安无事，在物质上不亏待孩子，而对孩子精神上的需要、道德习惯的养成少有关注。由于缺乏及时有效的约束与管教，部分留守儿童的行为出现偏差，道德失范现象严重，主要表现为在家里不听祖辈教导，在学校道德品行较差，不遵守规章制度，常有迟到、旷课、逃学、说谎、欺负同学等行为，有的甚至染上了小偷小摸、打架斗殴的恶习，更有甚者干脆成为社会上失足青年的打手和帮凶，法制观念极为淡薄，逐步走上违法犯罪的道路。

目前，留守老人面临着种种困难：没有经济收入，生活困难。除了部分老

人享受低保外，大多数农村老年人只有几十元的基础养老金，加上土地上的微薄收入，农村老人基本上刚解决温饱，多数留守老人生活比较艰难。同时，留守老人没人照料，往往缺乏安全感。由于子女外出打工，平日里没人照料，一些生活上的事都由自己来做，不生病还好，一旦生病便无人照顾。有的老年人突然患病，家中无人因而抢救不及时，错过治疗时机，导致严重后果。还有的老人患病几天都没人发现。总体来说，留守老人没多少人关心，还要照顾晚辈。留守老人往往孤独，没有精神寄托。人老了最怕孤独，儿女一年到头不回家，农村老人大多过着"出门一道影，进门一盏灯"的孤独生活，喜怒哀乐都无处表达。

二、建设社会主义新农村的人才需求分析

改革开放以来，中国农村经济社会发展的主要动力的变化经历了三个阶段。在第一阶段，主要是体制改革释放的潜力，充分调动了农民的积极性。第二阶段是物质资本投资的不断增加，使粮食产量增加。例如，我国每年对化肥的施用量在每公顷434.3千克左右，这一施用结果完全超出国际化肥安全施用标准；且我国农业生产过程对化肥的利用率在40%左右，有60%的化肥没有被农作物吸收，而是被转移到土壤和地下水中，对土壤和地下水带来严重的污染与破坏。由于中国土地和水资源短缺，物质资本对促进农业发展的贡献越来越小。中国农村经济社会发展已进入第三阶段，需要以人才投入为主要驱动力。现代农业的建设最终取决于有文化、懂技术、善于管理的新农民。

（一）农业科技人才

新农村建设需要农业科技人才。目前，大多数农村地区依然使用传统耕作方法，导致农业生产率长期处于低下状态。在新时期的发展背景下，为全面加快社会主义新农村建设，需要不断将农业科技引入农业生产活动中，积极做好农业科技人才的培养工作，调动农业科技人才在农业生产方面的服务意识。在农业专业技术人才培养过程中，我们需要将良种栽培、无土栽培、温室栽培、特种栽培等领域的专业技术人员作为培养重点。

（二）农机技能人才

新农村建设呼唤高素质的农机技能人才。在广大农村地区，一些眼光独到的农民从大量农村劳动力的转移中看到了商机。他们看到了：大多数留在家里的农民是老人和妇女，单靠人力远远不足以管理其负责的农田，因此农村需要实现农业机械化，农村对农业机械化的需求将越来越大。

近年来，我国不断加快农业机械化的步伐，致力于提升现代农业水平，以缩小与发达国家在农业现代化方面的差距。随着农业机械化的快速发展，用于农业生产的特种机器人得以问世，并逐渐成为农业技术装备研发的重要内容。农用机器人的出现和应用，改变了传统的农业劳动方式，促进了现代农业的发展。

应用农业机器人，提高资源利用率和农业产出率，提高经济效益，是现代农业发展的必然趋势。将一些农业机器人用于田间作业，将会极大提高劳动生产率，合理地配置劳动力资源。目前研究人员主要研究两个方面：一方面，行走系列农业机器人，其导航系统能指导机器人进行路径规划和避障、探测定位和控制系统稳定性；另一方面，机械手系列机器人，由于生长环境不同，形状也不同，所以开发机器人不仅要考虑作业对象的基本特性和力学特性，甚至连作业对象的化学特性、物理特性也要考虑。总体来说，在未来较长一段时间内，农用机器人大致有以下三个发展趋势，即实现最佳作业方法、结构更加简单且价格更为合理、用途日益广泛。对于机械制造企业来说，技术创新是立足之本。现在的农机市场发展空间巨大，很多工业机械企业都转到农机方向。我国的农机市场还存在三千多种农机的空白，发展潜力大。我国疆域辽阔，庄稼地地形多样，针对不同的地形应该有不同的农机，农机应向定制化发展。

一般而言，技术创新有独立创新、合作创新、引进再创新三条路径。具体哪条路径最优，要看每个企业的具体情况。我国很多大型企业如中联重科、雷沃等，都是通过引进再创新的形式对农机技术进行创新，即利用国外先进的农机技术，融合我国的农业发展特色及农机发展方向对农机进行创新，它们通过这种方式在国外也有了一定的地位。近年来，我国农机产业的快速发展为农机化水平的稳定提升提供了装备支撑，但目前农机产品的有效供给远远不能满足发展现代农业对其的需求。那么，农机的技术创新要从哪些方面进行呢？

1. 模式方面

所谓机械化农业，很难绕开农艺只谈机械，这方面的改进与创新就需要借鉴国外的经验，不能只引进机械而不引进耕种制度。因此找到适合国内的机械种植模式是一个重要的创新点。我国现在实行保护性耕作政策，鼓励对土地少耕或免耕，以达到对土地资源的循环使用和可持续发展。而保护性耕作对我国的农机行业提出了新的要求，农机的发展也应该顺应保护性耕作。而种植模式与收成息息相关，比如棉花，棉花采摘机器在国外尤其是美国已经100%应用了，因为制造采摘机器的技术难度非常大，因此从耕种开始，等行距、合理密植、田间管理、脱叶剂的使用，到后续棉花打磨、开模、轧花，全都是配套的，每个环节都抓了，机械采棉的品质才能上来。

2. 前沿技术方面

目前，我国农机市场面临的问题是低端产品产能过剩，中高端产品不足。在机械装备产业，外资品牌在中国高端市场一直占据主导地位，我们中国的品牌则占据了中低端这个市场，特别是低端市场。这也是农机改革的一个方向。行业骨干企业在加大产品研发力度的同时，也在加大产品结构调整力度，抛弃过去低价格争夺市场的经营理念，重视经营质量。

农用无人机现在是前沿技术，大疆是其中无可撼动的霸主。大疆 MG-1 设计了智能、手动及增强型手动三种作业模式，不用事先测绘农田即可直接规划路线自动喷洒；此外，独特的智能记忆功能令其在药剂消耗将尽时可自动记忆坐标点，添加药剂后一键返回记忆点继续喷洒作业；更换电池时，断电续航电路保障 MG-1 的飞控系统、传感系统和航线规划信息等不受影响。

3. 农机技术方面

拖拉机正在向高端迈进。就拿雷沃阿波斯 P5110 拖拉机来说，它曾经获得"欧洲年度拖拉机银奖"，采用雷沃阿波斯欧洲最新设计的电子控制系统，最明显的变化就是将原来复杂的机械换挡操作过程简化为简单的按钮式操作，通过操作按钮就可以实现拖拉机不间断换挡换向，这在有效降低操作难度和劳动强度的同时，大幅度提升了作业效率与质量。雷沃的动力换挡在我国处于领先地位。现阶段技术难关主要有棉花采摘、残膜回收、甘蔗收获、油菜收获、玉米收获、玉米储存……这些都是我国农机企业努力的方向。我国的工业技术在世界范围内还是处于前列，但农机发展时间较短，技术水平与工业强国还相差一大截。农机的发展离不开工业，农机行业的发展应该与工业发展相结合，这样才能互相发展，共同进步。

农机行业是一个潜力巨大的市场，很多企业都纷纷转向农机生产，希望分一杯羹。但企业不能盲目发展，要看清市场情况，把握农机动态。我国的农机行业虽然现在还处在落后状态，但经过国家与企业的努力，成为世界领先的农机生产大国也是指日可待的。从某种意义上说，农业机械化的推广是一个重大变化。它改变了人们的传统观念，发展了高效农业，集中发展了农场。农业机械化的推进需要高素质的新型农业机械技术人员，他们必须具备一定的科学文化知识，懂得管理，能够管理。他们彻底摆脱了农民的传统观念，成为名副其实的现代农业工人。

（三）农产品营销专业人才

农产品流通体系的建设离不开农产品营销专业人才的支持。农产品的流通不畅和附加值低，是农业经济发展的主要阻碍之一。从整体上看，农产品品种和质量完全不能满足市场需求，会导致农产品无法顺利流通，降低农产品的附加值；农产品生产规模和成本不能适应市场发展的需要，农产品在激烈的市场竞争中不能占有一席之地；农产品经营者的市场信息工作与市场生产结构不相匹配，其市场经营活动不能顺利进行；农产品流通组织与农产品生产组织的关系处于一种不良的状态，从而不能顺利流通；封闭型经营理念不适合市场开放与竞争。同时，近几年来，我国农产品流通队伍虽然发展很快，数量很多，但大多是分散的小商贩、个体户等。

政府应该开展培训课程，针对农村电商从业者的发展需求，精心设置课程。手把手传授短视频拍摄、制作技巧，直播带货文案策划，平台运营规则，农产品营销、策划等多方面的知识，开展多层次、全方位的电商直播专业培训。这样才能提高不同层次学员对电商直播的认知水平和应用能力，确保每个学员通过培训都能够了解和掌握电商直播的技能。通过培训，我们可以带动更多学员加入直播带货的行列当中，帮助农户走进直播，进一步拓宽农产品网络销售渠道。

（四）农业产业化经营管理人才

调整现有农业产业结构需要来自农业产业化经营管理人才的支持。目前，我国部分农村仍处于小农经济发展阶段，这一现象与城市发展存在着不可分割的关系。有关资料表明，发达国家农村地区发展速度较快，农业产业化将农业生产活动的规模扩大。专业化和合作化是实现农业产业化的基本特征。同时，发达国家通过高新技术在农业生产活动中的应用，实现了农业劳动力的科学分工，使得农业分工活动具有了科学化、专业化的特点，最终形成了农业产业的专业化。实现农业产业化，需要一大批专业管理者和各个生产环节的专业技术人才。

（五）项目建设规划人才

社会主义新农村建设离不开项目建设规划人才的支持。在乡村振兴的背景下，开展社会主义新农村建设需要科学做好新农村建设的各项规划活动，分步开展新农村的各项建设任务，实现对新农村建设活动的稳步推进。社会主义新农村建设涉及多项领域和内容，在整个实施过程需要严格遵循施工标准，对农业生产活动进行科学规划，确保新农村建设能够顺利开展。从当前农业工作的实际开展情况来看，农民素质普遍偏低，职能部门人才长期处于匮乏状态，新农村建设是一项艰巨任务。为此，在社会主义新农村建设中，我们需要积极做好专业规划技术人才的培养工作，为新农村建设提供所需的人才支持。

（六）自主创业型人才

社会主义新农村建设离不开自主创业型人才的支持。在社会主义新农村建设中，我们需要将发展生产力作为第一要务。但是，要在农村地区发展生产力，就必须积极做好自主创新人才的培养工作，通过培养创新技术人才来促进农村产业发展。我们要通过开展农村创新人才培养工作，使越来越多的充满生机与活力的经济实体在广大农村不断发展壮大。由于经济实体的辐射作用，越来越多的农民会走上致富道路。要实现新农村建设和发展，我们必须积极开展创新型人才培养活动。

第三节　社会主义新农村建设的人才供给机制及创新

一、社会主义新农村建设的人才培养与供给机制的现状

社会主义新农村建设离不开人力资源管理机制的支持，这就需要我国相关管理部门积极做好农村人才资源供给制度的建设工作，科学处理好农业科技发展与农业技术人才队伍建设之间的关系，扭转当前农村人才供给困境。如今，在我国农业科技人才队伍建设中，尚存在许多问题，如农业技术人员总量不足，农业技术人员培养观念落后，等等，这些都阻碍了农业科技人才队伍建设活动的顺利开展，制约了农业科技水平的提高和发展。农业科技人才队伍建设工作所存在的问题受人才培养活动的直接影响。如今，我国农业科技人才培养的主要渠道为农业类大中专院校，然而农业大中专院校在开展人才培养工作时又存在诸多的问题，导致农业科技人才培养工作无法顺利开展。

（一）开展农业科技人才培养工作时所存在的问题

我国是农业生产大国，开展农业科技人才培养的时间相对比较早，在这方面已经做出许多突出成绩，但是从农业科技人才的整体培养过程来看，依然存在一定的问题。例如，目标不清晰、模式过于单一、培养方式陈旧。

1. 目标不清晰

农技人才培养目标不明确，主要是因为农技院校在开展农技人才培养工作时，没有明确、准确地定位农业技能型人才的培养目标，致使农技人才培养在实施过程中经常出现问题。目前，我国农业院校开展人才培养的实际情况表明，人才培养缺乏准确定位是一个普遍存在的问题。许多农村职业技术院校只关注眼前利益，为了提高升学率，一味迎合学生和家长的心理需求，其教学活动有悖于"三农"的办学宗旨。

可想而知，这种做法既不能让学生在农业专业教学中学到专业理论知识，又不能让学生在农业专业实践中学到专业实践技能，同时又降低了学校的社会

声望，从而造成农村职业技术院校招生难、就业难等问题。在职业教育体系中，农民教育主要分为两大类，即农业职业技术教育和非农业技术教育。二者的差异主要表现在办学方向和服务对象上，而没有体现在所处位置上。在农村地区开展职业技术教育活动，是为发展农村经济活动提供所需人才，是农村经济发展对职业技术教育的要求，必须把农业生产活动作为职业技术教育的重点。要使农村职业技术院校的教育办学工作真正落到实处，学校就必须坚持为"三农"服务的办学宗旨，依靠就业促进农业职业技术教育的发展。这样才能有效地提高农业技术教育的质量和效益，为农业发展提供可靠的技能型人才。因此，在开展人才培养工作时，农村职业技术院校必须把培养新型农民作为人才培养活动的主要目标，把提高农技人才综合素质作为根本任务，把扩大人才储备作为发展战略。

2. 模式过于单一

农技院校在开展农技人才培养工作时，采用的人才培养模式比较单一。当前我国培养农业类专业人才的院校主要是高等院校、专业技术专科学校和职业技术专科学校，学生所形成的知识结构具有很强的统一性和一致性，但三类不同层次人才培养工作的定位不清，导致人才知识结构长期处于单一状态。农学专业人才培养机构在开展人才培养工作时，缺乏对学生培养的明确定位，使学生的知识结构不够多样化，仅仅是非常熟悉本专业知识，而缺乏对相关专业知识的了解，导致自身在理论知识和实践能力上都处于薄弱状态。同时，在培养过程中，部分学校不对学生进行学农教育和爱农教育，导致学生缺乏吃苦耐劳的意识。总体而言，学生的农业科技素养与新农村建设的要求之间存在着很大差距。

3. 培养方式陈旧

农技院校在农技人才培养工作中，采用的人才培养方式过于陈旧。这种现象的出现主要是我国传统教育模式的影响和制约，导致农业教育活动不能与时代发展相适应，制约了人才培养工作的开展。农技院校在开展人才培养工作时，由于教学内容陈旧、落后，因而呈现出脱离实际的状态。有关研究发现，教学内容落后是目前农技人员培养工作中普遍存在的问题，且制约了农技人员培养活动的开展。农技人才培养工作的开展，离不开教职人员的支持。但是，在农技人才培养工作中，学校所用到的人才培养方法陈旧，不能与实际相结合，导致教学方法不能适应农业发展的实际需要，呈现出教授与学习脱节、理论与实践脱节的状况。这就导致学生在学习农技专业知识的过程中呈现出以下问题：理论知识充足，实践技能不足；细节认识充足，总体认识不足；显性认识充足，隐形认识不足；等等。

（二）农业科技人才培养办法方面存在的不足之处

我们对当前农业科技人才培养工作进行分析后发现，在农业科技人才培养工作中所存在的问题其实是由培养办法所引申出来的。如今，我国在农业科技人才培养工作中，所运用的农业科技人才培养办法有很多，但是普遍实施的人才培养办法是统一的"考试→录取→培养→学习→择业"。这种人才培养模式产生于计划经济时期，与市场经济活动对人才培养的需求存在较大的差距。从当前市场经济对人才培养的要求以及农业农村经济发展需求来看，统一的人才培养模式已出现许多不适应之处，并给市场经济发展和农业农村经济发展带来了许多制约。

1. 培养农业科技人才的过程缺乏实施动力

任何活动均离不开"开展动机"，对于人才培养活动而言，人才培养工作的开展目的与价值就是人才培养工作的开展动机。在开展农业科技人才培养工作时，学校需要将农村发展活动对农业科技人才的需求作为培养动机，这样才能为农村农业的发展提供不竭动力。然而，在培养农业科技人才的过程中，动力机制方面主要存在以下问题：

（1）农业发展缺乏对农业科技人才的需求。如今，社会主义市场经济已经代替传统的计划经济，农业不断朝着社会主义市场经济方向发展。但是，在新的市场结构中，农村并没有形成与之相适宜的农业技术服务体系，现有的农业技术服务体系缺乏规模性与规范性，现有的农业服务企业未能形成产业化发展模型，高科技农业企业未能全面成形，农业在发展过程中依然以种地为基本就业形式，以家庭为基本就业单位。农业发展过程对农业技术人才所产生的需求主要表现在宏观方面，并没有全面渗透到微观领域，导致农业技术人才在农村发展中缺乏就业机会，农业技术人才在农业生产活动中无法将自身价值与作用良好地发挥出来。

（2）农业科技人才发展工作未能协调好选拔、培养、评价、使用之间的关系。从宏观视角来看，教育本身仅是开展农业科技人才培养活动的一个方面，而非农业技术人才培养活动的全部。农业科技人才培养活动是一项具有系统性的工程，该工程不仅涉及人才选拔活动、人才培养活动，还涉及人才评价活动、人才使用活动等。从当前农业科技人才的发展概况来看，在众多产业发展进程中，农业长期处于弱势发展状态，为从业人员提供的作业环境差，为从业人员提供的福利待遇低，为从业人员提供的发展空间窄。农业发展过程无法吸引人才以及人才外流，导致农业科技人才在农业发展中未得到良好的发展空间。农业是一项重要的民生产业，农业人才培养工作是一项公益事业，需要依靠来自社会各界的力量，而非单独一方。如今，我国在对农业科技人才培养对象实施选拔活动时，主要依靠由国家组织的统一考试，由学校承担农业科技人才的培养工作，农业科技培养对象完成学业后进行自主择业。这就导致农业科技人才培养工作从开始的选拔到后期的择业，没有连成一个整体，进而导致农业科技人才培养目标难以实现。

（3）促进人才培养质量提升的相关机制尚未形成。目前，我国教育机构在开展人才培养活动时，社会组织对人才培养质量进行评价是一种重要的方法和手段。不管是毕业生就业率，还是用人单位对毕业生的评价反馈，抑或是社会声誉，都被纳入了教育质量评价的范围，成为衡量教育质量的一个重要指标。因此，要提高人才培养质量，就必须充分调动教师的教学积极性，充分发挥教师在人才培养过程中的作用，培养学生主动学习的能力。无论从教学动机还是从学生的学习动机来看，都需要来自制度的激励。但我国在农业技术人才培养工作中形成的培养机制，边缘化了教师的教学动机和学生的学习动机，导致教师缺乏开展人才培养工作的积极性，学生在接受教育的过程中的积极性也不高。这种现象不仅出现在高等农业院校，而且出现在农业科技人员培养工作的各个环节，由于高等农业院校对农业科技人员的激励机制以及各环节缺乏实效，农业科技人员从事学农、务农工作的自主性无法被调动起来。

2. 培养农业科技人才的过程无法顺利开展

在农业科技人才培养工作的开展中，运行机制起着至关重要的作用。但是，我们对农业科技人才培养过程进行分析后发现，教育投入与经济发展速度不能协调统一，管理制度的规范性不够，选拔制度呈现重知识轻创造等现象，使农业科技人才培养活动受到一系列限制，无法顺利开展。

（1）国家对高等农业教育的投入活动无法同国民经济发展速度协调统一。随着社会经济的不断发展，人民生活水平不断提高，高等农业院校办学规模不断扩大，为农业专业人才培养提供了良好的空间。但是，随着办学规模的不断扩大，传统农科专业在校生数量呈逐年下降趋势。国内生产总值在我国经济快速增长过程中呈现持续增长状态。近年来，我国有关部门加大了对高等教育的投入，高校办学规模不断扩大。但农业大学分数线普遍偏低，报考人数偏少。

①专业比较冷门，报考的学生人数不多。我国的大学数量已经突破了3 000所，而大学专业的数量也有数百个。在众多的大学以及专业当中，农业大学以及农业类专业的数量都非常少，所以大学生选择农业大学的概率也较低。2020年中国"985"大学排名，中国农业大学排名第33名，在"985"大

学中排名靠后。同时，根据 2019 年中国农业大学在各省份的文理科最低录取分数线，学校在山西、吉林、河南、湖南、甘肃等地的分数线都在 600 分以下，在"985"大学中并不算太高。录取分数的高低可以在一定程度上反映高校热门程度以及学校的综合实力，可见中国农业大学在"985"大学中算不上优秀，相对来说比较冷门。更重要的是，农业类专业一般也比较冷门，因为不像其他大学专业一样具有非常丰富的学习体验，所以很多学生不愿意报考，其学生人数就不会很多。

②毕业后工作不好找，就业有一定难度。不管是选择什么样的大学专业，毕业之后还是要进入社会参加工作，越容易就业的工作越容易受到学生的追捧。不仅是中国农业大学，全国的农业类大学热度都不算高。农业相关专业较为冷门和小众，学生毕业之后在就业市场中的竞争力小，待遇相对较低。在填报志愿的时候，考生和家长们会更多地考虑某个专业毕业之后的就业情况和工资，所以对于农业类的大学，自然关注度不高。中国农业大学虽然是国内农林类大学中最优秀的大学之一，但仍不可避免地受到"冷落"。虽然我国有很多重点农业大学，例如西北农林科技大学、四川农业大学，但是农学专业的局限性，导致学生毕业后工作不好找，就业有一定的难度。

根据中国农业大学 2019 年毕业生就业质量报告，虽然学校公布的本科毕业生就业率高达 93.5%，但其实在这 93.5% 中，仅有 58.75% 直接选择了就业，其余部分则是选择了继续深造。从学校统计的数据来看，即便是研究生，直接就业的毕业生也只有 81.66%，可见中国农业大学的就业情况并不是特别理想。与农业不相关的专业（当下热门专业）中：计算机科学与技术有 59.18% 的本科毕业生选择直接工作，36.73% 的毕业生选择继续深造；金融学有 28.21% 的本科毕业生选择直接工作，65.38% 的毕业生选择继续深造；电子商务有 52.94% 的本科毕业生选择直接工作，41.18% 的毕业生选择继续深造。可见对于中国农业大学的本科生来说，如果选择与农业不相关的热门专业，本科直接就业的比例还是不高。在这个基础上，很多大学生不愿意报考农业大学，所以农业大学的录取分数线普遍不是很高。

③人们对农学专业有一定的误解。大多数学生很容易将学校的类型和就业的前景联系在一起，比如报考的是农业大学，就认为未来要从事与农业相关的工作，需要在田间地头工作。现在的学生普遍都是父母的"掌上明珠"，从小娇生惯养，所以父母不想让自己的孩子毕业之后，还要去田间地头发展农业。很多学生也不希望未来几十年时间去做农业的相关工作。其实，这些都是人们对于农学专业的误解，从农学专业毕业，可以从事农业的研究工作，而不是亲自下田干活。

（2）在农业科技人才的培养工作中，对学生过度的约束表现得最为突出，过度的规范管理模式，忽视了学生的学习和实践中的个性发展；只注重知识和技能的传授，忽视了学生在实践活动中所具有的能力；在整个人才培养活动中过于注重学生的专业训练和培养，忽视了学生综合素质的培养和塑造。许多教师在进行教学工作时，都会有意无意地把学生引进自己精心设计的规章制度之中，依靠严格的规章制度来约束和塑造学生。因此，这就制约了学生的个性发展，忽视了学生在学习和成长过程中的自主性。尽管一些大学在培养学生能力的同时，也力图提高学生的能力素质，但它们所采取的措施不得当，导致学生的知识和能力呈现不同程度的发展状态，从而影响了人才培养的水平。

（3）过于注重对知识的再现，忽视学生思维所具备的独创性。大部分教师在对学生学习效果进行评价时，通常运用两种方法，即考试和考察。考试是大部分学校对学生学习能力进行考查的主要途径，用成绩来衡量学生的学习状况。但这种只注重学生知识能力测试的做法，与当代社会发展形成的时代精神有很大距离，严重制约了学生的发展和进步。

3. 培养农业科技人才的过程缺乏保障

农业科技人才培养工作的开展，需要一系列高效、有序的人才培养措施，并靠各种保障机制来维持人才培养工作的正常运行。但是，在农业科技人才培养过程中，由于缺乏人才培养机制的支撑，培养活动不能顺利进行，严重制约了农业科技人才的培养工作的顺利开展。

（1）目前，在农业科技人才培养工作中，我国还没有建立起完善的人才培养监督机制。我国农业科技人才的培养离不开农业院校的支持。但在农业科技人才培养工作中，由于没有从社会上得到有效的监督，农业科技院校的人才培养、人才评价等方面的工作与社会发展的实际情况脱节，在人才培养和人才需求之间出现了较大的矛盾。

（2）农业科技人才培养活动所获取的生存与发展空间受多种教育因素的影响，我国在开展农业科技人才教育工作过程中所形成的空间结构较为狭窄，无法为培训对象提供广阔的发展空间。农技人员缺乏发展空间主要表现在三个方面：

①多种思想观念的融合，造成了农业教育工作重心不稳定的局面。

②国家教育实施战略性调整，部分农业院校以简单的方式并入地方上的其他学校，导致农业教育工作被融入一般的教育工作，农业教师长期在教育过程中积累的丰富经验被运用于非农教育活动，农业教育的发展被忽视。

③许多地方对高效率、高质量的工业表现出强烈的追求，忽略了农业教育。

二、农业科技人才培养及其供给机制的创新

（一）创建良性互动的动力机制

我们在进行农业科技人才培养时，需要充分认识到农业科技人才的培养是一项系统工程；在农业科技人才培养中，需要充分考虑各种因素之间的关系，依靠供给机制做好人才聚集和人才提升工作，依靠政府推动农业科技人才培养发展进程，积极做好农业人才吸引工作；要让更多对农业感兴趣的年轻人投身于农业生产和发展，避免这些对农业感兴趣的年轻人为了追求更多的利益而流失。

农业院校需要采用开放的办学方式，最大限度地降低学生入学门槛。这样可以使更多的学生能够接受农业教育，更多的学生能够参与农业学习活动。同时，农业院校在办学过程中需要积极做好教学模式创新，顺应时代发展趋势，将教学内容与社会发展需求结合起来，使教学内容符合农业发展的要求，让学生在农业教学中接受新知识。农业院校应该创新办学模式，优化办学条件，更新办学方式，加强师资队伍建设，为学生创造良好的学习环境，让更多的学生愿意参与农业科技知识和技能的学习活动。值得注意的是，在对学生进行农业技术培训时，教师还需要积极做好对学生的世界观、人生观、价值观的引导，培养学生学习农业、热爱农业的意识，让学生在完成学业后愿意深入农村，在基层开展各种农业生产活动。政府部门也需要积极做好宏观调控，为农业院校研究生提供良好的发展平台，使高校毕业生能够很好地适应农业工作。良好的激励机制可以让高校毕业生自愿留在农村工作，也可以为高校毕业生的职业和生活提供有力的保障。

1. 突出人才培养机制的开放性

在社会主义新农村建设中，农业科技人才的培养要以社会主义新农村的建设要求和发展目标为培养依据，建立社会主义新农村建设中的人才培养机制，以保证农业科技人才培养的开放性。在农业科技人才培养工作中，高校需要以全社会的视角和目标为切入点，积极做好人才观念的更新工作，不断打破人才培养的束缚，人才培养工作才能朝着全面、现代化的方向发展，农业科技人才的培养才能充分融入全社会人力资源的培养。在农业科技人才培养过程中，高校要积极突破封闭模式，使农业科技人才培养对象走出校门，积极做好农业科技人才多边交流与合作办学。在人才培养过程中，我们不仅要突破部门和行业的界限，加强不同部门和行业之间的合作与交流，还要突破国际界限，实现国内外的合作。

2. 落实市场配置机制的完善工作

在体制改革的背景下，要做好人事制度改革，促进农业科技人才从单一选择方向逐渐向双向选择方向流动，用人单位要有自主选择人才的权利，人才要有自主择业的权利。在人力资源配置中，我们要利用现有的市场资源，为实施人力资源配置工作奠定基础，进而形成系统、完整的农业科技人才市场网络体系。制定相关政策吸引人才，在农业发展过程中积极留住人才，为农业活动提供人力资源基础。

3. 确保激励机制的有效性

任何活动的发展都离不开激励手段的支持。在农业科技人才培养过程中，为了充分调动人才开展农业科技活动的积极性和主动性，我们要做好激励制度的创建，同时需要确保创建的激励制度具有有效性。在过去，对农业科技人才的激励制度都是以农业科技人才创造的科技成果为激励标准的。然而，这种激励方式完全忽视了农业的特殊性，导致农业科技人才培养的激励制度未能发挥其应有的作用和价值。农业科技人才的培养是一项长期工作，农业科研成果不可能在短时间内转化。如果仅仅依靠科研成果数量来衡量人才的科研能力，很难实现激励的效果。首先，从物质激励的角度来看，在制定激励制度的过程中，要根据农业科研人员的培养现状，根据实际做好对农业科研人员的激励工作，做好收入分配工作，使知识要素、技术要素、管理要素和资本要素都能够参与收入分配活动；建立相应的人才配置和激励制度，适应市场经济发展要求，实现智力资源资本化。其次，从精神激励的角度来看，激励体系的建立需要高度重视精神激励和情感投入，积极做好敬业精神的宣传，不断增强专业人才的敬业精神，使农业科研人员能够在精神的影响下积极参与农业生产活动。最后，以人才的综合能力为发展基础，积极控制和引导各项任务，使农业技术人才的专业水平在实践和发展中不断提高。

（二）优化农村职业技术教育模式

在乡村振兴的背景下，想要积极做好农业生产活动的各项工作，使农业生产活动符合新时期的发展要求，规避传统农业生产活动中在生产能力、生产模式、科技水平方面所表现的不足，就要积极做好农村职业技术教育模式的优化工作，实现对传统职业技术教育模式的改革与创新。在传统农业生产活动中所出现的生产能力偏低、生产模式单一、科技水平薄弱等问题，导致当前农业规模和产业化不足。我们要通过开展社会主义新农村建设，积极做好农业产业的建设，促使当代农业活动能够紧跟时代发展的步伐，灵活运用现代化科学技术将农业生产活动转变为科技生产活动，将农业生产成果转化为科技生产成果。

在开展现代农业建设活动时，需要不断提升农业科技创新活动所具备的转化能力，将农业科技创新技术运用到重大农业工程项目以及农业科技入户工程中，严格遵循高质量、高产量、高安全、高生态的要求，积极调整农村产业结构，促使农业朝着产业化的方向发展，促进农业循环经济的发展。我们要通过开展农村职业技术教育活动，积极做好新型农村人才的培养工作，让农村拥有更多具备创新性的人才，使农村人才能够成为当代新农村建设的重要发展支柱。

1. 积极做好农业技术学校的兴办工作

在建立农业技术学校时，学校方需要充分利用地方政府在农业技术学校办学中的动力。学校需要引进教师人才，依靠现场教学或多媒体教学，开展"农民素质工程"，积极推进农村劳动力培养。政府需要基于农村教育培训的现状，建立适合农村的教育培训体系，并在后期的实践探索过程中不断完善和整合现有的农村教育培训体系，以充分利用各种培训资源。我们要通过整合教育培训资源，全面实施农民教育工作，完善现有农民科技教育培训体系，为农民科技教育培训工作的顺利开展奠定基础。无论是农业产业化，还是农业市场化，均不是单一知识和能力能够实现的。在农业产业化、农业市场化的发展进程中，离不开多样化知识与多样化能力的支持。农民只有具备多种知识与技能，对市场行情有一个正确的认识与把握，才能符合市场经济发展的实际要求。

2. 积极做好农村远程技术教育的深化工作

计算机互联网技术、信息技术的发展给现代农村职业教育带来了新机遇。有条件的农村地区，可以利用城市远程教育优势，开通面向农村的网络学校，通过网络把最先进的农业科学技术和准确的市场信息及时传播给农民。庞大的网络系统可实现跨时间、跨空间的沟通与交流。在整个农村农业发展过程中，我们要加大远程教育培训工作的投入，通过引进远程教育设备、远程教育技术，实现对当地农民的远程教育与培训，让农村农民能够灵活使用先进的农业生产技术，提升农业生产质量，保证农业生产效果。实践证明，将远程技术运用到农村教育活动中，具有以下三个方面的优势：①远程教育内容不仅关系到农民的收入水平，还对农民在各项工程中的建设水平予以重视，远程教育通过提升农民收入，促进农业发展；②教育者通过远程培训能够积极做好对农村剩余劳动力的培训和指导，促使农村剩余劳动力朝着非农产业转移；③远程教育可以培养农民的现代意识，促进节约型农业、节水农业和无公害绿色农产品的发展，不断提高农产品的市场竞争力。

下面从农村职业技术教育管理视角，探究地方政府的管理职能：

（1）贯彻科学发展观，优化农村职业技术教育服务环境，具体措施如下：一方面，加强对农村职业技术教育的统筹规划，尽快建立农村职业技术教育的制度体系，加大政策支持力度；另一方面，充分认识远程教育在农村职业技术教育服务中的突出优势和巨大作用，强化远程教育在农村职业技术教育服务中的地位，采取有效措施，加强远程教育建设，有效维护远程教育资源。

（2）利用各类资源，构建农村职业技术教育服务网络，具体措施如下：教育行政部门加强对农村教育的统筹和对各类为农服务的教育资源的整合；远程教育实施方应在充分发挥自身优势的基础上，加强与普通高校、科研院所以及有关行政部门的联系和合作，与相关企业、行业建立新型的合作伙伴关系，积极利用各级广播电视学校、农业广播电视学校等现有农村教育资源，在各县（市）构建一个比较完善的高、中、初级教育与培训的远程教育服务网络；建立以当地经济发展和劳动力市场需求、促进县域经济发展为导向的教育、培训体系，为广大农村人口提供多层次、多规格、多形式的丰富的教育、培训机会，满足农村职业技术教育的需求。

（3）创新管理机制，完善服务体系，提升服务能力，具体措施如下：引入和运用市场机制，大胆改革现有管理模式；准确把握市场机制在远程教育运行中的特点，在资源的整合共享、合作开发、网络的建设使用等方面，充分运用市场机制，借助市场中介，探索项目管理形式，不断提高管理水平和效果，提升为农村职业技术教育服务的整体能力，促进远程教育的快速、健康发展；加快建立和完善网上学习支持服务系统，对不同经济条件地区的农民学习者提供不同的课程、使用不同的媒体技术、提供不同的服务，探索为农村职业技术教育服务的服务体系及其运行机制，使每一个农民都能获得所需要的、有效的学习支持。

（4）完善远程农村职业技术教育研究制度，确保服务质量，具体措施如下：为保证远程农村职业技术教育为农村服务的正确方向，必须建立健全相应的规章制度。比如，设立重大课题，面向全省电大系统和高等学校公开招标，重点对远程教育对农村的人才培养模式、教学模式、发展模式，县级以下电大网络教学环境的建设及应用，多种媒体教学资源的建设和应用，质量监控和保证体系等问题进行研究；落实科研经费，实行专款专用原则和项目包干责任制，保证科研工作正常进行；建立和完善激励机制，奖励优秀科研成果，对影响大的课题、论文给予重奖；推广应用科研成果，为现实工作提供新思路、新方法、新途径，鼓励和支持对有研究价值的阶段性成果的后续开发和研究。

3. 积极做好基础教育与职业教育的结合工作

在城乡一体化发展的背景下，各级政府部门对农村教育工作给予高度重视，通过提升对农村教育的投入力度，为农村教育工作提供更多优秀的教育资源。但是从农村教育工作的实施情况来看，国家在农村地区所组织的各项教育活动并没有发挥出应有的作用与价值，造成大量的教育资源浪费，对农村经济的各项工作带来诸多不利影响，对农村经济活动的发展与进步带来严重的制约。因此，在农村教育工作中，我们需要积极做好农村教育资源的分流工作，不断提升初中职业技术教育力度，在初中职业技术教育的基础上，对职业教育学生进行提升。初中职业教育结束后，需要将职业教育作为教育活动的开展主体，促使农民、农业分别朝着城市化、现代化的方向发展。

我们要充分认识到对农民开展农业职业教育的重要性。我们要积极发展农村高中教育以及高等职业教育，创建与之相适应的优惠政策，为农村教育开辟全新的发展道路，如此就能够引导农业教育活动从低谷中走出，这也是当前发展农村教育的有效措施。为了建设社会主义新农村，开发农村人才，我们要积极做好农村人才的培养工作，推动农业发展，增强农业在市场发展中的竞争力，进而维持社会稳定，推动社会发展。

农村职业教育的发展必将加快我国新农村建设的步伐。只有创新发展、科学发展，才能使我国农村职业教育在促进农村经济发展、社会和谐中发挥作用。农村职业教育的改革和发展必将为我国社会主义新农村建设注入极大活力，为新农村建设提供良好的精神、文化保障。

（三）创建可持续发展的农业科技人才培养制度

农业人才培养离不开农业教育体制的支持。在农业产业发展的进程中，为符合当代农业发展要求，我们要积极做好农业产业链条的创建工作，制定多元化发展体系，优化农业产业结构及其管理，促使农业朝着现代化、多元化的方向发展。

（1）加强教育的立法工作，形成完备的法律体系。在农业产业发展的进程中，我们要积极做好农业科技人才的培养工作，不断优化人才培养结构，完善教育立法，整合教育资源，促使农业科技人才培养工作朝着可持续的方向发展。为此，在农业产业化发展进程中，我们要积极做好农业教育立法，优化农业产业结构，完善农业体制办法，依靠法律手段扶持农业科技活动，将农业科技人才的各项培养工作全面落实到位。在农业科技人才培养过程中，我们要积极处理好单位之间、人员之间的关系，将人才培养作为重点，依靠人才培养工作推动产业链条的发展，严格遵循"风险共担"原则与"利益共享"原则，积极做好各部门、各人员之间的协调工作，明确各方责任与义务，为农业科技人才的培养提供有力保证。

（2）建立多元化投入机制与多元化监督机制。在社会主义新农村建设中，农业科技人才培养工作备受关注。在整个农业产业发展过程中，需要为人才培养提供充足的资金支持。如果人才培养工作离开资金的支持，那么人才培养工作就很难顺利开展。各级政府部门通过增加农业科技人才培养资金的注入，让农业科技人才培养工作拥有充足的资金，在潜移默化中形成新型投入体系。这个新构建的体系不再由政府部门统一主管，而是依靠多方力量的支持，是一个多元化投入体系，即"政府—企业—银行—社会"。在整个体系中，政府、企业、银行、社会均对农业科技人才的培养工作注入相应的发展资金。在这里，财政部门的资金投入在整个农村科技人才的培养工作中起着引导功能，企业的资金投入在整个农村科技人才的培养工作中起着主体功能，银行的贷款在整个农村技术人才的培养活动中起着支撑功能，社会的集资或者是外资引进在整个农村技术人才的培养活动中起着补充功能。农业所具备的公益属性十分明显，整个农业活动在开展过程，需要将"育才基金"作为开展基础，将资金运用到基层农业科技人才的各项教育活动与培养活动中，由消费者共同来承担行业人才在培养过程所产生的各种费用。以农业科技人才培养活动为基础，创建与之相适应的农业科技人才培养机制，依靠可靠的监督机制对人才培养活动实施管理与控制，确保农业科技人才真正地为农业发展提供所需的服务。

（3）创建全方位的安全管理机制。农业科技人才培养活动不仅是对知识与技能的传授活动，还是实现现代信息技术的传播活动。农业科技人才是现代科学技术在农业生产活动中的引进者与推动者，如果缺乏农业科技人才的支持，现代科学技术就无法在农业生产活动中得到普及。考虑到现代信息技术在实施过程中存在诸多的安全问题，在运用信息技术开展农业生产活动时，还需要对安全管理工作给予重视，依靠安全管理机制做好安全平台的创建工作，确保安全管理活动能够顺利开展，推动农业的进步与发展。

（四）完善农民合作组织

经过多年的不懈努力，我国农民专业合作社数量快速增加，产业类型日趋多样，合作内容不断丰富，服务能力持续增强。这说明农民合作组织是适应农村经济发展趋势的。但是一些损害农民利益现象的发生，说明合作社发展基础仍然薄弱，还面临运行不够规范、与成员联结不够紧密、扶持政策精准性不强、指导服务体系有待健全等问题。进一步规范管理农民合作组织，方能提升农民整体素质，带动农村快速发展。

农户和企业成立新型合作社，对于实现农业高质量发展、推动乡村振兴具有重大意义。进一步规范农民专业合作社具有重大意义：有利于引导农民专业合作社丰富业务范围、拓展服务功能，增强市场竞争能力，实现质量兴农、绿色兴农，推动乡村产业振兴和生态振兴，推进农业农村现代化；有利于发挥农民专业合作社对小农户的生产组织和服务带动作用，强化与小农户的利益联结，引领小农户与现代农业有机衔接，实现农民增收、生活富裕；有利于弘扬合作文化与精神，促进乡风文明，完善乡村治理体系，造就新型职业农民，推动乡村人才振兴和文化振兴；有利于统筹整合部门资源，健全扶持措施，建立部门间综合协调机制，形成支持农民专业合作社发展的合力。

对于农民合作组织，我们应该采取以下措施进行完善：

（1）企业要从长远出发，处理好企业和农户的利益关系。企业要有契约精神，严格按照事先签订的协议和合同行事，如此方能在农民当中赢得信誉，方能获得企业的长远发展。企业要把握农民专业合作社"姓农、属农、为农"的属性，尊重农民的主体地位和首创精神，为农民专业合作社成员提供低成本、便利化的服务，切实解决农民面临的问题。

（2）当地政府既要尊重市场规律，也要提升治理能力，坚决维护农民合法权益。村干部和当地政府工作人员要时刻牢记工作职责，既要做到不越位，充分尊重经济发展规律，坚决杜绝滥用行政权力的现象；又要不缺位，增强工作信念，在农民需要时，充分维护农民合法权益。

（3）加强基础性制度建设。抓紧修订农民专业合作社相关配套法规，完善农民专业合作社财务制度和会计制度；各地要加快修订农民专业合作社地方性法规；大力开展农民专业合作社相关法律法规教育宣传，加强舆论引导，为促进农民专业合作社规范发展营造良好环境。

第三章 大数据时代新生代农民工返乡创业的困境与出路

大数据本身没有价值,但是挖掘和分析大数据有很大的价值。在全球化的背景下,大数据已经在本质上得到发展。本章我们将探讨在大数据时代,新生代农民工返乡创业的困境与出路。

第一节 大数据概述

一、大数据的概念

"大数据"是互联网信息技术行业的流行词汇。美国互联网数据中心指出,互联网上的数据每年将增长50%,每两年便将翻一番,而目前世界上90%以上的数据是最近几年才产生的。此外,数据又并非单纯指人们在互联网上发布的信息,全世界的工业设备、汽车、电表上有着无数的数码传感器,随时测量和传递着有关位置、运动、震动、温度、湿度乃至空气中化学物质的变化,也产生了海量的数据信息。到目前为止,人们还没有对"大数据"形成一个准确的定义。这个定义很大程度上是作为信息技术发展的"副产品"出现的。对大数据,相关研究人员大致从以下几点进行定义:

(1) 麦肯锡全球研究所给出的定义:大数据是指规模大到在获取、存储、管理、分析方面大大超出了传统数据库软件工具能力范围的数据集合。

(2) WIKI(维基)对大数据的定义:大数据是指一些使用现有数据库管理工具或传统数据处理应用很难处理的大型而复杂的数据集。其挑战包括:采集、管理、存储、搜索、共享、分析和可视化。

(3) Gartner(高德纳)对大数据的定义:大数据是指无法在一定时间范围内用常规软件工具进行捕捉、管理和处理的数据集合,是需要新处理模式才能具有更强的决策力、洞察发现力和流程优化能力的海量、高增长率和多样化的信息资产。从数据类别上看，"大数据"是指无法使用传统流程或工具处理或分析的信息。它定义了那些超出正常处理范围和大小、迫使用户采用非传统处理方法的数据。

（4）复旦大学杨勇教授的定义：大数据本质上是数据交叉、方法交叉、知识交叉、领域交叉、学科交叉，从而产生新的科学研究方法、新的管理决策方法、新的经济增长方式、新的社会发展方式，等等。

二、大数据的类型

大数据有多种类型，可以根据不同的标准进行划分：从数据生成上分，主要包括交易数据、交互数据、传感数据；从数据来源上分，主要包括社交媒体数据、银行数据、购物网站数据、移动电话数据、电脑数据、物联网数据；从数据格式上分，主要包括文本、声音、视频、结构化数据和非结构化数据；从数据所有者上分，主要包括公司数据、政府数据、网络数据。

根据来源方式，大数据主要分为以下几种：

（一）流动数据

流动数据又称为物联网数据，这些数据可连接到个人的网络设备上。当这些数据连接到网络设备上时，使用者需要进一步对其分析来决定哪些数据有效，并保留有效数据，删除无效数据。流动数据存在于人类的日常生活中，人们每时每刻都在与他人进行交流。大数据中的相当一部分来源于人类自身，人们每时每刻都在通过微信、微博、博客等方式进行交流，手机与平板电脑已经融入了各种各样的功能。由此全世界每一分钟产生的视频、音频、图片、地理信息和通信记录等不仅是人们生活的一部分，同时也是大数据信息的一部分来源。

（二）社交数据

由于智能化设备得到了广泛的应用，在社交互动平台中出现的数据极具吸引力，社交数据便具有营销的功能。这些数据通常是以非结构化或半结构化形式出现的，当公司分析和使用这些数据信息的时候，不仅要考虑大数据的量，还要考虑大数据的应用。社交数据主要来源于信息系统及硬件系统本身。比如说，数据中心的运行日志、数据的冗余备份、各个系统的镜像文件等，这些数据真实地记录了系统运行时的轨迹，在测试调试及安全维护中具有重要的保存价值。

（三）公开来源数据

巨大的数据来源很多，不仅可以通过打开数据门户网站获得，还可以从移动智能设备中提取。打开数据源我们能够获取庞大的数据量，例如来自美国政府的数据、欧盟开放的数据门户等。如果说大数据离不开人类的日常生活，那么更离不开广袤的物理世界。如今，传感器及微处理器的广泛使用，产生了大量的数据，就一个720P（8Mbps）的摄像头而言，一个小时能产生3.6GB（吉字节）的数据。可想而知，在现代都市，用来维护交通网络的摄像头就有成千上万个，每月产生的数量将达到PB（拍字节）级。这就是公开来源数据的主要来源。

以上三个方面数据的规模也在不断扩大，随着近些年来云计算、物联网的兴起，大数据总量正在不断增长。

三、大数据的采集方法

（一）系统日志采集方法

很多互联网企业都有自己的少量数据采集工具，多用于系统日志采集，如Hadoop的Chukwa、Cloudera的Flume、Facebook的Scribe等。这些工具均采用分布式架构，能满足每秒数百MB（兆）的日志数据采集和传输需求。

（二）网络数据采集方法

网络数据采集是通过网络爬虫或网站公开API（应用程序编程接口）等方式从网站上获取数据信息，该方法可以将非结构化数据从网页中抽取出来，将其存储为统一的本地数据文件，并以结构化的方式存储。它支持图片、音频、视频等文件或附件的采集，附件与正文可以自动关联。除了网络中包含的内容之外，对于网络流量的采集可以使用DPI（深度报文检测）或DFI（深度包检测）等带宽管理技术。

（三）其他数据采集方法

对于企业生产经营数据或学科研究数据等保密性要求较高的数据，可以通过与企业或研究机构合作，使用特定系统接口等相关方式采集数据。

四、大数据的特征

大数据相比于传统的数据，有四个显著的特点，业界将其归纳为4个"V"——volume（大体量）、variety（多样性）、value（快速化）、velocity（价值密度低），简称4V特点。

（1）volume（大体量），即数据体量巨大。在2006年，个人用户才刚刚迈进TB（太字节）时代，全球一共新产生了约180EB（艾字节）的数据；在2011年，这个数字达到了1.8ZB（泽字节）。根据知名调研机构IDC（国际数据公司）的说法，在 2020 年，整个世界的数据总量增长了 44 倍，达到 35.2ZB（1ZB＝10 亿 TB）。

（2）variety（多样性），即数据类型繁多。数据类型的增加主要是新型多结构数据，以及包括网络日志、社交媒体、互联网搜索、手机通话记录、移动互联网、物联网、车联网及传感器网络等数据类型出现造成的。部分传感器安装在火车、汽车和飞机上，每个传感器都增加了数据的多样性，使大数据的数据结构更加多样化。物联网、云计算、移动互联网、车联网、手机、平板电脑、PC（个人电脑）以及遍布地球各个角落的各种各样的传感器，无一不是数据来源或者数据承载的方式。

（3）value（快速化），即处理速度快。每秒钟，人们发送 290 封电子邮件；每分钟人们上传 20 小时的视频；人们每月总共在网页上浏览 7 000 亿分钟；移动互联网用户发送和上传的数据量达到 1.3exabytes，相当于 10 的 18 次方；等等。大数据会快速产生和实时响应，这一点和传统的数据挖掘技术有着本质的不同。快速化特征描述的是数据被创建和移动的速度。在高速网络时代，通过基于实现软件性能优化的高速电脑处理器和服务器，创建实时数据流已成为流行趋势。企业不仅需要了解如何快速创建数据，还必须知道如何快速处理、分析并返回给用户，以满足它们的实时需求。

（3）velocity（价值密度低），即大数据具有多层结构，这意味着大数据会呈现出多变的形式和类型。相较传统的业务数据，大数据存在不规则和模糊不清的特性，导致很难甚至无法使用传统的应用软件进行分析。传统业务数据随时间演变已拥有标准的格式，能够被标准的商务智能软件识别。挖掘大数据的价值类似沙里淘金，比如用户评价分析，几百万的评价记录，真正有借鉴意义的可能就几条；又比如视频监控，每天产生 24 小时的视频数据，真正有价值的可能就几秒钟。

五、大数据的分析

大数据技术的战略意义不在于让人掌握庞大的数据信息，而在于让人对这些含有意义的数据进行专业化处理。换言之，如果把大数据比作一种产业，那么这种产业实现赢利的关键，在于提高对数据的"加工能力"，通过"加工"实现数据的"增值"。

大数据重视事物之间的关联性，其价值大小重在挖掘，具有筛选和预测功能，具体分析如下：

（1）大数据重视事物之间的关联性。大数据有一个重要特点，就是先不讲"因果性"，非常重视"关联性"。如果发现了某种关联性，就可以加以利用。

（2）大数据的价值大小重在挖掘。对于大数据，不仅要收集它，更重要的是挖掘它。挖掘就是分析，目的是从中寻找关系、重点、规律，洞察其发展趋势。这为管理者提供了莫大的帮助。凭借大数据，管理者将可以大幅度提升各行各业管理水平、治理能力。

（3）大数据必将颠覆诸多传统。以往，社会科学研究常用的"抽样调查"应用很广。其实，它只是在技术受到限制的特定时期，解决特定问题的一种无奈的方法。现在，已经可以收集到过去无法收集到的信息，所以"样本就等于全部"。而且这样做，比使用抽样调查方法得出的结论要准确得多。

（4）大数据具有筛选和预测功能。所谓筛选，就是抓住重点。所谓预测，就是提前获得有价值的信息。

"大数据"之"大"，并不仅仅在于"容量之大"，更在于通过对海量数据的交换、整合和分析，发现新的知识，创造新的价值，带来"大知识""大科技""大利润"和"大发展"。

六、大数据思维

大数据时代，数据不仅是一种技术、资源，更是一种思维方式和管理、治理路径。作为信息时代又一次伟大的技术变革，大数据将如同互联网一样，使人类的生活及理解世界的方式发生颠覆性的改变。从国家治理，到企业决策，再到个人生活服务，大数据都将以其巨大能量产生影响。因此，有研究者认为：大数据正开启一次重大的时代转型。我们已经走在大数据的路上，身临这场伟大的变革，我们该如何应对？思路决定出路，基于大数据的相关理论与技术研究已成为学界的热点课题，其管理及应用也引起了政府部门、产业界和应用行业的高度关注。

（1）在国家层面，应尽快将大数据提升为国家战略。一直处于世界经济发展及信息技术发展与应用前沿的美国，视大数据为"未来的新石油"，给发展大数据赋予了非同一般的战略意义。中国要在大数据时代的全球竞争中胜出，必须把大数据从科技符号转变为文化符号，形成一种文化话语体系，在全社会倡导数据文化。收集数据、使用数据、开发数据，是大数据时代我们需要面对的挑战，建立数据大国、数据强国更应成为大数据时代我们所要实现的目标。

（2）在企业层面，应积极布局大数据存储、处理及应用。面对海量数据，谁能更好地处理、分析数据，谁就能真正抢得大数据时代的先机。对任何行业中的企业，拥有了相对全面的行业数据，就等于夺取了行业制高点。当前，我们的企业正处于全面转型升级的进程中，在新需求、新竞争格局的背景之下，大数据的应用正在改变着各行各业。大数据背后所隐藏的巨大价值，也引起了各行各业的高度重视。比较遗憾的是，在我国企业界，目前只有很少的企业开始探索接收大数据，绝大多数的企业还未真正认识到大数据的价值或仅停留在概念层面，在大数据的运用上尚不成熟。

"得大数据者得天下"是一些推崇大数据时代的变革者坚信不疑的观点，突显了"获取"数据的重要性。然而，立身于大数据时代的我们，还应该更加专注于数据背后潜在的价值，如何转化和激发它们的潜能，赋予这些数据新的生命，创造出更大的价值驾驭未来，这才是大数据时代的真正意义之所在。数量化思维，用数据而非感觉进行判断与决策，已成为众多国际企业的一种信条，应用量化思维进行科学管理也应成为中国及中国企业努力的方向。相信随着大数据价值的进一步挖掘，其定会为社会的发展注入更多的活力。

最早提出"大数据时代已经到来"的机构是全球知名咨询公司麦肯锡。麦肯锡在研究报告中指出，数据已经渗透到每一个行业和业务职能领域，逐渐成为重要的生产因素；而人们对于海量数据的运用将预示着新一波生产率增长和消费者盈余浪潮的到来。"麦肯锡的报告发布后，大数据迅速成为计算机行业争相传诵的热门概念，也引起了金融界的高度关注。"随着互联网技术的不断发展，数据本身是资产，这一点在业界已经形成共识。"如果说云计算为数据资产提供了保管、访问的场所和渠道，那么如何盘活数据资产，使其为国家治理、企业决策乃至个人生活服务，则是大数据的核心议题，也是云计算内在的灵魂和必然的升级方向。"

事实上，全球互联网巨头都已意识到了大数据时代数据的重要意义。包括EMC（易安信）、惠普、IBM（国际商业机器公司）、微软在内的全球 IT（互联网技术）巨头纷纷通过收购"大数据"相关厂商来实现技术整合，亦可见其对大数据的重视。

第二节　新生代农民工概述

新生代农民工是在时代潮流下诞生的新群体。在一般的学术研究中，新生代农民工被定义为 1980 年以后出生的具有农村户籍但从事非农活动的农村劳动力。从某些角度来看，新生代农民工主要指在农村长大、在外地工作、很少或从未从事农业活动的农村劳动力。

一、新生代农民工的提出

新生代农民工一般是指出生于 20 世纪 80 年代以后，年龄在 16 岁以上，在异地以非农就业为主的农业户籍人口。2010 年中共中央、国务院发布的 1 号文件《关于加大统筹城乡发展力度进一步夯实农业农村发展基础的若干意见》，首次出现了"新生代农民工"的提法。新生代农民工在文化程度、人格特征、打工目的、城市认同、生活方式、工作期望、与农村家庭的经济联系等方面与第一代农民工迥然不同，他们绝大多数没有务农的经历和经验，也不愿意在将来回乡务农。农民工问题是我国城镇化、工业化和城乡二元经济社会结构下，政治、经济、社会体制等多种因素的综合性产物。

改革开放以来，农村家庭承包制的实行释放出大量剩余劳动力，加上户籍制度和城市一系列福利制度的改革，越来越多的农村劳动力进入城镇就业。根据国家统计局对全国 31 个省份（不含港澳台地区）农民工的监测调查，2016 年农民工总量达到 2.82 亿人，其中外出农民工达到 1.69 亿人（国家统计局，2017）。迄今为止，从农村向城镇的劳动力迁移，已经持续了约 40 年的时间，农民工群体也发生了部分代际更替。1980 年以后出生的新生代农民工，逐步成为农民工中的最大群体。

新生代农民工是在改革开放下成长起来的新一代群体，新生代农民工问题是传统农民工问题在新阶段的延续、体现和发展。改革开放以来新生代农民工的工作生活环境有了很大改善，较传统农民工对工作、生活有更高的和不同的要求。但在城乡二元社会体制没有彻底打破之前，在劳动力市场供大于求的就业结构下，他们与传统农民工有着类似的社会境遇，面临一些共同的基本社会问题。

二、新生代农民的基本特征

研究表明，与上一代农民工相比，新生代农民工有着全新的人力资本特征与就业特征。新生代农民工的受教育水平更高，参加过培训的比例更高；他们中有更高比例的人为独生子女；有更大比重的人在城镇长大和接受教育。

（一）时代性

新生代农民工处在体制变革和社会转型的新阶段，物质的逐渐丰富使他们的需要层次由生存型向发展型转变。他们不仅注重工资待遇，而且也注重自身技能提高、权利实现和职业发展。大众传媒和通信技术的发展使他们容易接受城市文明的熏陶，形成多元的价值观与开放式的新思维，成为城市生活方式的向往者、接受者和传播者。

（二）发展性

新生代农民工的思维、心智处于不断发展变化的阶段，对许多问题的认识有较大的不确定性。他们绝大多数即将或已经面临结婚生子和子女教育等问题，还将面对许多可预见和难以预见的人生经历。他们中还有一部分人刚走出校门，职业道路在起步阶段，在职业发展上存在较大变数。

（三）双重性

新生代农民工处在农村人向城市人的过渡之中，具有亦工亦农双重身份。他们靠务工为生，重视劳动关系。工作环境方面，他们看重劳动付出与劳动报酬的对等，关注工作条件改善和工资水平提高，具有明显的工人特征。但受二元体制的限制，他们的制度身份仍旧是农民。作为农民的后代，他们也不可避免地保留着一部分农民的特质。

（四）边缘性

他们的心理预期高于父辈，耐受能力却低于父辈。他们对农业生产活动不熟悉，在传统乡土社会中处于边缘位置；同时受城乡二元结构的限制与自身文化技能的制约，在城市中难以获取稳定、高收入的工作，也很难真正融入城市主流社会。他们在城乡两端都处于边缘化状态。

（五）灵活化

第七次人口普查结果显示，目前人户分离（居住地和就业地不一致）的人数接近4.9亿人。其中，农民工所占比重很大，数量达到了约3.8亿人。老一代农民工选择工作时，往往集中于建筑行业和制造业，而新生代农民工在就业时，往往更注重投入产出比。比如，南方很多企业面临"用工荒"，其根本原因就在于并未对超长的工作时长，支付与之匹配的工资。新生代农民工，更愿意把相同的时间，用在赚钱更多的快递或外卖行业，以此来让自己的积蓄得到较快积累，就业也实现了"灵活化"。

（六）组织化

总体而言，相比以往，近年来新生代农民工群体的组织化趋势开始呈现出如下重要转向：

（1）农民工组织化诉求日益增强。争取企业工会民主选举和独立运作，越来越成为部分农民工集体行动的一个主要诉求。

（2）农民工组织化的渠道正在发生转变。他们不再满足于仅仅从先赋性的乡缘、亲属关系中获得支持，自治性的业缘网络逐渐在部分农民工的生活中占据重要位置；他们也不再仅仅诉诸非正式组织渠道获取资源，而是开始尝试向劳工NGO（非政府组织）寻求帮助，或者要求组建自己的工会。

三、中国农民工问题和新生代农民工的特点

（1）文化教育水平显著提高。由于中国整体教育水平提高，第二代农民工大多接受了九年义务教育，他们的文化程度较第一代农民工要高出很多。统计数据显示：第一代农民工的文化程度以小学和初中为主，而新生代农民工则以初中及以上为主，初中以上文化水平的占到80%左右。

（2）缺乏基本的农业生产技术和经验。对第一代农民工来说，务农是他们的主要职业，打工只是辅助性收入来源。新生代农民工多是20世纪80年代以后出生的，他们绝大多数没有务农的经历，缺乏基本的农业生产知识和技能。因此，即使城市生活艰难、就业形势严峻，新生代农民工也不会轻易选择离开城市而返乡务农。新生代农民工脱离农业生产和向城市流动已经成为一个不可逆转的事实。

（3）外出务工的动机不再是基于"生存理性"，而是将"进城务工"作为一种争取向上流动的渠道。第一代农民工打工的主要目的是赚钱回家建房子、送儿女读书，而新生代农民工的"城市梦"比他们的父辈更强烈、更执着，他们中的大多数人不愿意在结束了若干年的打工生涯后回乡务农。

（4）虽然都被称为农民工，但是两代人的城市认同感有很大区别。第一代农民工即便在城市打工多年，依然把城市看作一时工作之地，把自己视为城市的过客；而新生代农民工则渴望融入城市中，希望能成为其中的一员，在城市打工对他们来说不仅是赚取经济收入的手段，更是他们在城市定居并谋求长久发展的依托。新生代农民工中的很多人在生活方式、消费习惯上与城市年轻人十分接近。他们渴望城市生活，也非常自然地接受了城市文明和生活方式，而且不单纯满足于物质上的富足，对精神和文化娱乐生活也有比第一代农民工更高的要求。

（5）由于教育水平和成长环境等因素的影响，第二代农民工的择业观和劳动态度也与第一代农民工不同。他们不再像其父辈那样具有吃苦耐劳的精神，不愿再从事城市中脏、累的重体力劳动；也很少像其父辈那样忍气吞声，而是有着强烈的维护自身权益的意识。与第一代农民工看重报酬不同，新生代农民工在选择工作时考虑的因素是多方面的，收入只是其中之一，工作环境和居住条件的舒适程度，以及从事的工作带来的社会地位等，都是其择业时的重要考量因素。

第三节 大数据时代新生代农民工返乡创业概述

一、大数据时代新生代农民工返乡创业现状

国家统计局发布的 2020 年农民工监测调查报告显示，2020 年全国农民工总量 28 560 万人，同比减少 517 万人，下降 1.8%。报告显示，外出农民工 16 959 万人，同比减少 466 万人，下降 2.7%；本地农民工 11 601 万人，同比减少 51 万人，下降 0.4%。在外出农民工中，年末在城镇居住的进城农民工 13 101 万人，同比减少 399 万人，下降 3.0%。农民工平均年龄继续提高，农民工平均年龄为 41.4 岁，同比提高 0.6 岁。从年龄结构看，40 岁及以下农民工所占比重为 49.4%，同比下降 1.2 个百分点；50 岁以上农民工所占比重为 26.4%，同比提高 1.8 个百分点，占比继续提高。在全部农民工中，未上过学的占 1%，小学文化程度占 14.7%，初中文化程度占 55.4%，高中文化程度占 16.7%，大专及以上占 12.2%。大专及以上文化程度农民工所占比重同比提高 1.1 个百分点。本地农民工月均收入增速快于外出农民工，农民工月均收入 4 072 元，同比增加 110 元，增长 2.8%。其中，外出农民工月均收入 4 549 元，同比增加 122 元，增长 2.7%；本地农民工月均收入 3 606 元，同比增加 106 元，增长 3.0%，增速快于外出农民工。分行业看，农民工就业集中的六大主要行业月均收入继续增长，其中，从事制造业的农民工月均收入 4 096 元，同比增加 138 元，增长 3.5%，增速最快。进城农民工人均居住面积不断提高，进城农民工人均居住面积 21.5 平方米，同比增加 1.1 平方米，在不同规模城市的农民工的人均居住面积均有增加。

二、大数据时代电子商务企业涌入农村

在大众创业、万众创新的背景下，许多新生代农民工纷纷回到家乡。大数据为企业奠定了良好的数据基础，使员工能够在上述前提下合理选择业务方向，设计业务内容，减少不必要的资源投入，从根本上提高业务效率。特别是在农民工创业过程中，大数据融合了社会资源、创业前景等数据，为农民工返乡创业提供了新平台和新机会。同时，我们要充分把握农民工创业的特殊性，形成相应的创业信息数据系统。

回到"大数据时代"，这是一个真正开放的数据社会和网络社会。这一数据背景真正实现了农民工知识、技能、资本、经验和创业精神的融合，大大提

高了农民工创业的成功率。在国家倡导下，"互联网+农业"已经成为农村发展的新模式。一大批领先的电子商务企业已经进入农村市场，为农村市场带来了新的发展血液。2016年，国家发改委和阿里巴巴集团在北京签署战略合作协议，共同发展农村电子商务。2016—2020年，阿里巴巴集团投资至少100亿元发展农村电子商务。按照合作步伐，每年在国家发改委选定的100个试点地区建立约100个县级服务中心和1万个村级服务站。与此同时，在国家发改委和当地政府的支持下，相关地域根据当地情况启动阿里巴巴菜鸟网、农村淘宝、"农村淘宝App"农产品、农村金融、天猫、互联网办公与通信服务、阿里旅游、阿里健康等相关项目。

越来越多的电商企业和快递企业涌入农村，一方面跟随国家政策的引导，可以大大降低运行过程中的阻力；另一方面，分得农村市场一杯羹，有利于长期占据农村市场。其中开展农村电商、电商扶贫的企业有很多，有我们熟知的淘宝、京东、苏宁易购、唯品会等电商平台，中国邮政、"五通一达"等快递行业。简单地说，农村电商是党和国家跟随时代潮流，拓宽扶贫策略的重要举措；是企业响应国家号召，帮扶农村发展的重要方式；是农民借助平台扶持，转变贫困身份的最佳机遇。其主要有两种方向：工业品下乡和农产品进城。这为新生代农民工在大数据时代返乡创业提供了良好的商业环境。

目前，中国大数据产业正处于高速发展阶段。大数据产业经历了四个时期：探索期、市场启动期、高速发展期和应用成熟期。新生代农民工在城市工作过程中积累了相关经验，掌握了相关知识和技能。但是，由于缺乏对商业环境和商业资源的科学认识，他们在商业项目的选择上可能存在一定的盲目性。在创业过程中，他们很容易"误入歧途"，甚至在严重的情况下失去一切。在大数据时代，他们可以对创业过程中需要的信息进行深入挖掘和分析，从而形成科学的创业体系和高效的创业机制，产生更高的创业价值。

这种创业对于促进农村劳动力的就地转移，实现区域生产力的全面提高具有重要意义。与此同时，在上述创业制度的推动下，中国农村经济发展也取得了长足进步，农村建设得到了根本推进，加快了中国特色社会主义的发展。

第四节　大数据时代新生代农民工返乡创业的机遇

一、农民工返乡创业历史沿革分析

（一）第一代农民工返乡创业分析

城市和农村地区老一代农民工移徙的原因基本上与他们的子女有关。这一代农民工也在工作和耕作。他们在城市工作了十多年，用他们的收入支付城市化的家庭开支。然而，由于长期存在的城乡二元结构和户籍制度的障碍，老一代农民工在城市中处于"边缘化"状态。

特别是在 21 世纪初，受城镇二元性和生活条件的影响，在城市里找一份稳定的工作变得越来越困难。与此同时，他们以孩子为导向的思维鼓励他们创业。他们希望他们的孩子能过上比他们更好的生活，孩子的命运能被改变，不再被城市居民边缘化。越来越多的第一代农民工考虑回乡创业并付诸实践。农民工与农村之间的联系将不可避免地促使他们返回家乡，尤其是在 2008 年国际金融危机爆发后，许多农民工离开城镇回到家乡。虽然这些农民工只是在城镇生活或工作过，但他们的视野比当地农民开阔，他们中很少有受过高等教育的。他们的知识和能力水平相对较低，他们在创业过程中往往缺乏特定的知识和技能。另外，他们不能满足企业创新、管理和发展的需要。

老一代农民工在启动新工业项目的人中所占的比例非常小，这是因为这一代农民工在返乡创业的过程中遇到了许多障碍，如市场信息不足、老龄化、政策支持不足、受教育水平低。但是，他们与农村地区联系紧密，在城市又有多年的工作经验。同时，该行业门槛低，技术要求低。在回乡创业后，绝大多数农民工从事自营农业生产和商业性农业，并发展成为自营者、规模化经营者、农业龙头企业主等。一般来说，由于回乡创业过程中知识、能力和经验的限制，第一代农民工只能专注于小规模创业，市场竞争力低，经济效益不显著。特别是在全球化进程中，市场竞争日益激烈，第一代返乡创业农民工整体认知水平相对较低，创业往往盲目、随机，在市场竞争中往往处于弱势地位。

（二）新生代农民工返乡创业分析

2008 年国际金融危机对全球经济发展产生了严重影响，我国许多农民工被迫回家。然而，经济复苏后，许多农民工仍然在家。在这种背景下，农民工返乡创业开始受到全国的关注，这为新生代农民工创业奠定了良好的基础。

我国出台了各种政策鼓励农民工回乡创业，在此基础上还提供资金、技术、人员等资源，并为农民工创业提供建议。这种"福音"让新生代农民工看到希望，他们成为返乡创业的主流。这些新生代农民工普遍接受了良好的基础教育，他们的知识水平和技能水平与第一代农民工相比有了很大提高，两者之间有质的区别。在返乡创业的过程中，社会环境发生了很大变化，这一代农民工回到家乡，在更广泛的领域开办了自己的企业。

综上所述，我们可以发现，新生代农民工不仅在知识、能力和经验上具有优势，而且拥有更加有利的外部环境，如国家政策、社会体制和区域经济，这些都开始走向成熟。随着大数据的渗透，新生代农民工开始结合大数据来选择和验证返乡创业的方向。他们可以通过对返乡创业的可能性、经济性和风险性的分析，形成高质量、高效率的返乡创业体系。

二、大数据时代新生代农民工返乡创业的环境

（一）政治环境方面

党中央、国务院大力发展扶植创业创新，对返乡创业者产生了巨大的影响。国家政策的扶持，使得新生代农民工的创业活动具有非常大的可行性。一方面，国家政策的积极引导促进了农村电子商务的发展，使得新生代农民工在互联网背景下的创业活动有了强有力的保障；另一方面，政策引领为广大新生代农民工在互联网创业资源上解决了一定的阻碍，也为返乡创业者在新时代新情形下指引了方向。

2015 年，《国务院办公厅关于促进农村电子商务加快发展的指导意见》《国务院办公厅关于同意建立推进大众创业万众创新部际联席会议制度的函》《国务院办公厅关于发展众创空间推进大众创新创业的指导意见》相继发布；2016 年，《国务院办公厅关于支持返乡下乡人员创业创新促进农村一二三产业融合发展的意见》《国务院关于促进创业投资持续健康发展的若干意见》《国务院关于加快构建大众创业万众创新支撑平台的指导意见》《国务院办公厅关于印发进一步做好新形势下就业创业工作重点任务分工方案的通知》《国务院办公厅关于支持农民工等人员返乡创业的意见》《国务院关于大力推进大众创业万众创新若干政策措施的意见》《国务院关于进一步做好新形势下就业创业工作的意见》《国务院办公厅关于建设大众创业万众创新示范基地的实施意见》《国务院办公厅关于加快众创空间发展服务实体经济转型升级的指导意见》相继发布。2019 年，《新生代农民工职业技能提升计划（2019—2022年）》发布。该计划全面贯彻党的十九大和十九届二中、三中全会和中央经济工作会议精神，将新生代农民工职业技能培训作为实施人才强国战略、创新

驱动发展战略、乡村振兴战略的具体举措和打赢脱贫攻坚战的重要抓手，围绕国家经济社会发展对高素质劳动者的需求和农民工技能就业、高质量就业的需要，保障就业局势稳定，聚焦新生代农民工，针对群体和时代特点，开展大规模、多层次、高质量、有保障的职业技能培训，促进多渠道转移就业，提高就业质量。

（二）经济环境方面

近几年来，互联网金融在我国迅猛发展，它一方面提供了网络支付方式；另一方面为创业者提供了新的融资途径，出现了小微网贷、P2P（互联网金融点对点借贷平台）以及众筹等网络融资渠道，降低了创业融资门槛，这是互联网的发展呈现给创业者的崭新面貌。金融机构在国家政策的推动下，不断地加大银行贷款和小额贷款力度，出台了相关的税费优惠政策，在一定程度上减轻了农民工创业的资金负担，为农民工返乡创业提供了基础保障。

（三）社会环境方面

新生代农民工返乡创业是我国新农村建设的重要助推力，并且依托互联网进行创业已经成为创业的一个新手段。现阶段我们以创业促进就业为导向，"互联网+""大众创业、万众创新"已经在社会中成为潮流。由此可见，现在的社会环境对新生代农民工返乡创业极为有利。

（四）技术环境方面

在新生代农民工创业过程中，互联网整合的数据资源，社会资源、创业前景等数据的结合，为新生代农民工返乡创业提供了切合实际的新型创业信息数据体系。大型电商企业也在深入农村市场，为新生代农民工返乡创业，在数据化和信息化上提供了良好的创业环境。

第五节　大数据时代新生代农民工返乡创业的挑战

一、大数据本身的技术问题

大数据的利用需要智能化、数据化的分析处理技术作为支撑，旨在实现以信息技术处理方法为基础的非结构化、半结构化数据的转换。我们可以从数据信息中归纳出符合时代发展的信息内容，为农民工新生代返乡创业打下良好的数据基础。这类大数据要求的技术水平要高得多，不仅仅是在网上开店和移动鼠标，还需要新生代农民工掌握更多数学、经济学、社会学、信息技术、管理等方面的知识，内容更复杂，技术含量更高。从某种意义上说，这也给新生代农民工返乡创业增加了难度，成为影响其创业效率的关键因素。尤其在大数据建模过程中，新生代农民工能够实现数据的"二次挖掘"的机会更少。

二、"数据化生存"给农民工创业带来的难题

在大数据时代，对于消费者来说，面临的问题其实与企业类似，即如何通过唾手可得的海量数据进行分析，从而进行有利于个人发展和生存的高质量决策。近年来，世界许多国家和地区开始强调大数据的重要性。在此基础上，它们借助信息技术、逻辑运算和处理技术构建了一个大数据环境，从而拉开了"基于数据的生存"的帷幕。目前，中国新生代农民工受教育程度仍然不高，缺乏相应的知识和能力。

在国家统计局发布的 2020 年农民工监测报告中，只有 28.9% 的本地农民工具有高中以上学历，根本无法满足"数据生存"的需求。同时，新生代农民工表示，在返乡创业的过程中，他们受到自身知识水平和能力的严重影响，他们无法理解为何在大数据时代需要及时回乡创业。此外，"基于数据的生存"实际上是企业利用数据所有权、数据挖掘、数据算法和其他应用程序来提高其市场竞争力的表现，然而很明显，新生代农民工在返乡创业过程中不能满足上述要求。这种生活环境增加了农民工返乡创业的风险，这一点需要全面关注。

三、大数据思维对新生代农民工创业者的挑战

在大数据时代，新生代农民工应该从大数据入手，利用信息技术、逻辑运算和处理技术挖掘数据背后的市场信息，从而形成科学的创业方向，不走不必要的"弯路"。这是新生代农民工在大数据思维下返乡创业的基本路径。报纸和电视广播是老一代农民工获取信息的主要途径。绝大多数老一代农民工都处于互联网的"盲区"，而新生代农民工对互联网的理解和掌握要比老一代农民工好得多。互联网是大数据时代新生代农民工创业的新平台。

大数据时代给我们带来了最令人担忧的能力之一。在大数据的帮助下，人们不再害怕未来，而是充分利用数据来预测未来。通过科学研究方法，人们为原本无法联系在一起的事物找到一定的内在联系。然而，在创业的实际过程中，新生代农民工对创业多少有些盲目，因为他们对大数据知之甚少，数据信息也不准确。

四、关键创业资源受限

在大数据下，创业资源逐渐丰富多样，这为新生代农民工返乡创业提供了

更多机会。与此同时，他们也面临许多挑战。一方面，与西方国家相比，中国特殊的国情赋予政府独特的权力和资源，政府的管理深入社会的多个角落，同时生成相关数据。然而，这些数据能否被新生代农民工获得并用于分析是值得怀疑的。另一方面，由于新生代农民工素质不高、缺乏经验和财政政策支持不足，返乡创业的效果并不理想。

（一）筹集资金难

筹集资金的困难是让新生代农民工难以回乡创业的主要因素。在市场经济的影响下，中国企业早期发展缓慢，资本投入远远超过初始资本回收。这种"量入为出"的企业管理模式在一定程度上增加了返乡创业的难度。近年来，返乡创业的新生代农民工数量大幅增加。但是，政府及相关部门提供的融资渠道过于狭窄，融资门槛过高，融资困难容易导致创业过程中资本链的断裂，进而导致创业失败。

（二）缺乏专业人才

新生代农民工个体素质普遍不高，在返乡创业过程中缺乏对大数据的掌握。大多数高技术人员不愿意在农村服务，导致返乡创业所需信息与市场情况不匹配，进一步影响返乡创业的质量。尤其是近年来，农村地区的人才流失越来越严重。大多数新生代农民工只能在返乡创业的过程中获得廉价劳动力。然而，他们一直无法获得高技术人才，如市场分析人才、经营管理人才、骨干技术人才等。这在一定程度上影响了其企业的核心市场竞争力，增加了创业过程中的风险。

城乡信息的不匹配，特别是大数据下的信息分析、处理、应用和交换，容易导致新生代农民工在返乡创业过程中产生误解，导致返乡创业状态持续低迷。

五、返乡创业者自身素质不高

返乡创业人员的素质水平直接影响返乡创业的效果。在大数据时代，新生代农民工的文化水平与信息技术发展水平不协调，其管理水平落后，缺乏数据风险意识和长远发展眼光，这在一定程度上影响了新生代农民工返乡创业的效果。

（1）文化水平不高，跟不上信息技术的发展。受教育水平不高是新生代农民工没有回乡创业的重要原因，具体表现是：他们不能充分掌握大数据时代的高科技，不能获取大数据中包含的各种信息，其知识水平不高导致创业内容非常广泛。

（2）落后的管理技术。受教育水平不高导致新生代农民工返乡创业过程中管理技术落后，特别是在日常管理和控制过程中，有的存在非常严重的问题，相应的管理、组织协调、信息沟通等方面都受到影响。他们往往只选择家庭成员、亲友作为核心管理人员，缺乏专业科学的管理团队，严重影响了企业的管理效率。这种粗放的企业管理模式增加了企业管理的风险。大部分的新生代农民工不愿意在返乡创业过程中将"权力下放"，过多地将公司的管理集中在自己手中，导致"一人独大"的经营局面。这种管理模式容易导致企业因个人的任意性进入误区，这会给返乡创业的新生代农民工带来致命打击。

（3）网络环境中的风险意识薄弱。在大数据时代，互联网已经成为新一代返乡创业农民工不可或缺的关键部分。然而，部分新生代农民工并没有借助网络技术以充分利用大数据，导致创业路径和收入出现严重问题。在风险意识方面，新生代农民工大多对风险缺乏整体认识。虽然参与调查的新生代农民工都认为返乡创业存在风险，但只有部分人员真正了解返乡创业过程中的风险项目和风险因素，这在一定程度上增加了企业运营的难度。

第六节　促进新生代农民工在大数据环境下返乡创业的对策

一、提升地方政府引领能力

为了进一步促进新生代农民工返乡创业，政府要加大对新生代农民工返乡创业的政策支持。政府应从财政政策、融资政策、土地政策和基本制度建设入手，为新生代农民工提供更多便利。

（1）在财政上，政府要设立专项资金，支持新生代农民工返乡创业，如专项工作资金、专项建设资金、专项科研资金、专项产业化资金等，给他们一定的金融便利。

（2）在融资上，我国要形成以金融机构、政府主导和私人资本投资为基础的三级融资结构，并以融资政策为基础规范三级融资路径。特别是，贷款担保可以通过政府财政融资中的担保资金来实现，以降低贷款门槛。地方政府部门要加强融资政策建设，引导和监督农民专业合作社发展，完善绿色行政审批渠道、融资平台、信息平台等。政府要不断拓展融资路径，尤其是在新生代农民工和金融业的融资过程中，地方政府要不断拓展服务模式。

（3）在"明晰产权、控制土地使用"原则的基础上，地方政府要完善新生代农民工返乡创业专项土地政策体系，明确土地承包权、经营权和使用权流转中的权利和责任变化，充分保护新生代农民工的合法权益，并在此基础上适当缓解返乡创业资金短缺问题。

（4）在基础设施方面，政府要加快交通、水利、通信等基础设施建设，以便于新生代农民工返回家乡就业及创业。

二、建立新生代农民工返乡创业"孵化基地"

"孵化基地"是新生代农民工成功返乡创业的先决条件。新时期，政府部门在返乡创业过程中需要更加重视"孵化基地"的建设。在此基础上，地方政府要做好创业培训、创业项目支持和创业信息开发工作，应该把大数据时代的各种信息"传递"给新生代农民工。地方政府应该建设融金融、智能、商务于一体的商务服务中心，为新生代农民工返乡创业打下良好的基础。

"孵化基地"需要以信息技术为载体，在大数据的基础上形成相应的返乡创业培训内容，如新时期返乡创业的指导方向、创业路径、企业管理模式等。为了有效实现上述目标，政府部门可以从各种科研机构聘请专业人员或寻求高校科研团队为返乡创业的新生代农民工搭建"孵化"平台。同时，政府作为数据和信息的最大所有者，需要做好数据库建设工作。专业技术人员应充分调查市场，分析市场数据，提供科学的创业项目，为新生代农民工返乡创业提供相应的指导。在这个过程中，专业人士需要充分拓展信息渠道，从各个方面收集市场信息，确保创业指导、创业咨询、创业服务等方面的信息科学、实时、有效，使新生代农民工能够回乡创业，与大数据时代接轨。

三、培育特色创业产业群

在大数据时代新生代农民工返乡创业的过程中，政府部门需要根据当地实际形成一批具有区域特色的产业创业集群，从而全面提升返乡创业的规模和产值。

作为政府职能部门，在新生代农民工返乡创业的过程中，应该起到以下作用：

（1）分析企业集群与区域特色之间的关系，重视构建区域核心竞争力产业集群，密切调整企业集群，不断提升新生代农民工返乡创业的企业集群的市场竞争力。

（2）结合区域特点，创造适合创业集群成长的环境；依据地区产业定位，结合产业大数据需求，按照"因地制宜、规范发展、构建模式、有序推进"的原则，对新生代农民工返乡创业体系进行优化。唯有如此，才能从根本上提高新生代农民工创业所涉及的特色产业集群建设的效率，为农民工返乡创业打下坚实的基础。

（3）要积极做好服务工作，积极调动社会各方面的资源，全力支持特色产业创业群体，促进特色产业创业群体迅速成长，真正把特色产业创业群体建设成增加经济总量、城乡居民收入的有效载体。

（4）要积极探索和实践具有新生代农民工特色产业创业群体特点的经营方式和扶持政策，以增强创业基地的吸纳功能，加快培育和发展新生代农民工特色产业创业群体，促进他们的成长。

四、引导农村电商体系建设

大数据时代，电子商务迅速发展。农村电子商务已成为中国农业向现代化转型的重要手段之一，也是国家精准扶贫的重要内容之一。当前，我国的电子商务网络平台建设还很薄弱，公共服务设施还不完善。在新生代农民工返乡创业的过程中，政府部门要加强电子商务系统的建设。为推动农村电子商务的发展，从根本上解决新生代农民工创办企业的"活力"问题，电子商务系统将与农村流通系统相结合。当地政府应加强与电子商务企业的沟通，允许返乡农民工依托知名企业的网上平台开展电子商务，具体实施路径如下：

工作推进体系：对农村电子商务发展规划进行科学编制，确立县域电子商务发展的总体思路、功能布局、重大项目、落实保障措施等；确定工作领导小组、工作协调机构、日常事务办理机构；明确监管对象、监管主体、监管内容（经营行为、网销产品质量、数据真实性等）、监管方法、监管程序、监管档案、奖惩措施；等等。

项目结构体系：建设集"电商孵化+线下体验+物流配送+线上运营+公共服务"于一体的电子商务产业园；建设公共服务中心，中心至少具有综合信息服务和政策咨询、人才培训、产品营销策划、产品展示与销售、仓储与配送、网商网店孵化、包装设计等基本功能；公共服务中心建设线下展示馆，第三方平台建设线上特色馆；构建乡村服务网点，实现特色产品经营；等等。

服务支撑体系：加大电商人才支撑，建立健全和完善人才建档，吸引人才回归；不断发展壮大农村电子商务群；大力推广"实体店+网店"创业模式，利用第三方交易平台开展网络营销活动；积极建设并不断完善城乡仓储物流中心，建立"农产品进城、工业品下乡"的双向商贸流通体系；做好产品的营销与监管，保障产品质量；等等。

数据统计体系：借助信息技术、数据处理技术等对大数据时代下的各项数据进行分析，建立有针对性的运营评价体系，全面掌握电商运营状况；定期实施数据统计和整理，及时校准电商平台数据；等等。

宣传推广体系：在网络平台基础上实施营销宣传，通过传统媒体实施营销宣传，利用海报、杂志、报纸、宣传册、宣传栏等实施营销宣传，等等。

五、增强农民工创业能力

（一）提高创业素质

政府要不断加强新生代农民工对返乡创业的认识，培养他们良好的自主学习意识和能力，保证返乡创业能够满足大数据时代的需求，减少创业风险。尤其在新生代农民工的知识学习和能力培养方面，要向多元化方向发展，例如吸引新生代农民工积极参加政府部门和其他部门举办的各种培训和学习，加强应用知识、信息技术、数据等的能力。农民工要加强在线自学，通过网络数据了解和掌握市场信息，提高创业能力，防范互联网环境下的风险，提高心理素质，积极与专业科研机构或高校合作，不断拓展创业视野和理念，形成高质量、高效益的创业体系；积极与其他企业合作与交流，在上述交流过程中，借鉴其他新生代农民工返乡创业的成功经验，为创业奠定良好的基础；等等。

另外，新生代农民工还要掌握大数据时代的互联网、自动化、数字化等高新技术，真正从数据走向信息，为自身返乡创业提供全方位、实时性、科学性的指导。唯有如此，才能保证创业的方向符合时代的要求，增加回乡创业成功的机会。

（二）转变企业观念

合理的创业理念是新生代农民工顺利返乡创业的关键。在新生代农民工返乡创业过程中，他们需要做到以下几点：

（1）要与政府部门、金融部门、地区企业等相关方积极沟通，充分把握大数据时代背景下的市场形势，并在此基础上为创业确立科学的方向，构建创业的基本框架。

（2）要勇于创新。首批返乡创业的农民工都太保守了，他们主要关注的是第一产业，其总体效益不明显，市场竞争力较低。新生代农民工在创业过程中需要承担一定的风险，并在大数据的支持下培养出相应的"风险偏好"，才能在创业中抓住更多的机遇，取得更好的成绩。

（3）要调整思路，使业务适应区域发展。很多新生代农民工回乡，却不能根据自己的地域特点来创业，这导致了企业和地方的"脱节"，严重影响了企业的效益。所以，新生代农民工返乡创业，要结合地域特点选择自己的方向，使返乡创业与市场、地域特点紧密结合，找出商机。唯有如此，他们才能充分利用互联网，开辟出"互联网+农业"的新产业链。在新生代农民工返乡创业的过程中，他们应根据自己独特的地理环境进行创业。与此同时，他们应积极利用互联网上的资源，依靠网络平台实现"智能旅游"，通过微信平台每天推送最新信息，实时更新信息，并根据网络反馈及时做出更新。这样既能增加企业的收入，又能带动区域经济的发展，达到双赢的效果。

（三）提高管理水平

新一代农民工返乡创办的企业要注重企业管理，引进新型管理人才，提升管理水平。唯有如此，才能保证企业高效、科学、安全地运行，将企业风险降到最低。与此同时，农民工要善于向有经验的企业、单位或管理者学习，积极参与政府举办的创业培训课程，加强与其他企业的交流与合作，在企业、单位或个人的指导下，充实管理内容，细化各项管理细节，提高综合素质，形成完善的管理体系。只有从精英与有经验的人才处获得相关经验，才能减少新生代农民工返乡创业中的"漏洞"，形成横向、纵向交织的闭合管理网络，更好地保障企业发展。

第四章 乡村振兴背景下返乡创业的技巧

创业有风险，创业过程中要讲究方式方法。在创业前，农民工要充分了解国家政策和地方政策，选择国家支持和地方政府扶持的项目，这样才可达到事半功倍的效果。

第一节 对接政策法律的技巧

为支持农民工返乡创业，很多省份出台了优惠政策，从多方面为农民工返乡创业提供便利。大致有以下几方面：

一、降低农民工创业准入门槛

许多地方政府积极为农民工返乡就业创业开辟了"绿色通道"，对前来办证、注册、登记的农民工，即到即办，不受作息时间影响。材料齐备的当场发照，并免收个体登记费；材料齐备的，及时畅通办理；要件具备，不违反法律、法规的，适时变通办理；材料不全、不合法的，专人帮助补正后办理。许多地方政府还进一步放宽了条件，降低了农民工创业准入门槛。具体措施如下：

（1）鼓励农民工自己投标或找工作。

（2）农村小型流动企业的商贩和在集贸市场或地方政府指定的地区销售自产农副产品的农民，免交工商登记费和各种工商管理费。

（3）鼓励农民工成立农民专业合作社，允许农民工投资土地承包经营权，对农民专业合作社实行免费登记政策。2018年7月1日起施行的《中华人民共和国农民专业合作社法》较之前的版本，有5个重要的变化：①取消同类限制，扩大法律调整的范围；②对成员新入社和除名、盈余分配，以及法律责任等内容的有关条款进行了修改完善；③作价出资形式更加灵活；④享有与其他市场主体平等的法律地位；⑤进一步规范农民专业合作社的组织和行为。

《中华人民共和国农民专业合作社法》将重点扶持5类人，清理4类人。①重点扶持对象：休闲农场主、保值经营者、农场金融人才、乡村旅游经营者、民间手工艺人。②重点清理对象：虚假运营者、经营不善者、管理混乱无序的合作社、作用缺失的合作社。国家将有序对这些经营者、合作社进行规范整顿，仍不合格的将清理注销，确保全国合作社的整体质量。

（4）公司注册资本（金）允许在两年内分期缴纳，投资注册资本允许在五年内分期缴纳的合伙企业的注册申请不受出资额的限制。返乡农民工可以用他们的专业知识和技能做出贡献。

二、风险投资和现场支持

（1）返乡创业的农民工可以按照程序申请小额贷款。根据规定，找工作有困难的农民工可以获得一次性风险投资。例如，2020年，为全面落实四川省委、省政府关于加强农民工服务保障工作的部署要求，中共宜宾市委、宜宾市人民政府出台了《宜宾市促进农民工就业创业八条政策措施》。农民工领办符合全市"6+3"农业产业规划布局的经营主体，在享受现有产业发展支持政策的基础上，给予乡村振兴风险补偿金贷款支持，市财政给予3年50%的贴息；对农民工新建项目固定资产投资达到10万元以上的，按其投资额的5%，一次性给予最高1 000万元的奖补。

（2）使用国有和集体单位的场地租金可以延期半年支付。《宜宾市促进农民工就业创业八条政策措施》提出，在享受现有产业发展支持政策的基础上，对固定资产投资50万元以上且竣工投产的，一次性给予投资额5%的补助；对正规且年营业收入达到1亿元以上的企业，一次性给予30万元补助；租用园区标准化厂房的，园区实行前2年租金全免、后3年租金减半的政策。

三、减免行政事业性收费

2020年7月31日，国务院办公厅发布《关于支持多渠道灵活就业的意见》。该文件要求，鼓励个体经营发展，增加非全日制就业机会，支持发展新就业形态，鼓励劳动者创办投资小、见效快、转型易、风险小的小规模经济实体。该文件明确，取消涉及灵活就业的行政事业性收费，对经批准占道经营的，免征城市道路占用费。有条件的地方可将社区综合服务设施闲置空间、非必要办公空间改造为免费经营场地，优先向下岗失业人员、高校毕业生、农民工、就业困难人员提供。

例如，在户籍所在县市、乡镇创业的农民工，注册资本（金）在10万元以下的企业和个体工商户，根据当地劳动和社会保障部门颁发的自主创业优惠证书，两年内免征工商登记费和其他行政事业性收费。

四、为返乡农民工提供创业项目

（1）加强与高校、科研机构、企业等社会力量的合作，购买一些适合农民工返乡创业的特殊项目，并向愿意创业的农民工免费提供这些项目。开辟创业孵化基地，为返乡创业农民工提供便捷服务。

（2）具有创业能力和愿望的农民工还将获得免费创业培训、项目推广、业务指导、融资服务、后续支持、政策建议和其他一站式服务。

五、纳入招商引资优惠政策范围

（1）对于返乡创业的农民工，除国家法律法规明确禁止和限制的行业或领域外，都允许他们进入。

（2）农村金融服务机构将加快农村信贷项目建设，扩大小额信贷和农民担保贷款覆盖面，放宽小额担保贷款条件，发放小额担保贷款，降低担保门槛和贷款抵押（质量）标准。无形资产，如房屋产权、土地使用权、机械设备、大型耐用消费品和证券、注册商标、发明专利和其他与企业经营相关的无形资产，可以作为抵押品（质量）。

六、登记注册后扶持

（1）扶持期内，税收和小额担保贷款将按照就业和再就业政策法规执行。

（2）对个体经营者，应适当提高增值税起征点，对返乡创业的农民工，不征收或少征收增值税。

七、建立创业基地

各地政府应发展创业园区、各类专业批发市场、商业街、商贸城等，解决农民工回乡创业的经营场地问题。例如，为加快实施鸡西市创新创业驱动发展新商业、新经济、新业态"三新"就业创业战略，2020年鸡西市重点推进农民工等人员返乡创业试点地区工作进程，加快市委、市政府园区建设步伐；为有序引导农民工等人员返乡创业，鸡西市还积极建设农民工等人员返乡创业示范基地。创业基地由鸡西市政府投资建设，位于瀚林大厦4楼，建筑面积2

000 平方米,配置办公室 27 间。创业基地内设办公管理区、项目推介展示区、创业培训区、创业孵化区、会议洽谈区 5 大功能区域。创业孵化区根据入驻企业的产业属性和行业类型设置特色农业类项目、特色养殖类项目、休闲服务产业项目、电子商务类项目、林下经济类项目、文化旅游类项目、科技转化类项目 7 个分区,可一次性吸纳创业企业 20 余户,带动就业 800 人以上。

创业示范基地入驻对象要求具有鸡西市农业户籍,年龄在 16～60 周岁,自 2015 年以来离土离乡 6 个月以上,在外求学、务工、自主就业的返乡创业人员;经市场监督管理局登记注册的企业和个体工商户,创办时间在 2 年以内,创业项目运营采取"公司+基地"模式,具备相应场所和场地。

八、免费开展创业培训

各地应依托现有机构,建立返乡创业农民工指导(服务)中心,为返乡创业农民工提供项目信息、业务指导、小额贷款和政策建议等免费服务。例如,2020 年为推动返乡农民工创业就业,广安市广安区人社局积极开展返乡农民工创业培训,组织年龄在 50 岁以下且有创业意愿的返乡农民工进行集中培训。培训期间,作为主办方的广安市全民职业技能培训学校邀请专业教师,采取送教上门的方式,向返乡农民工详细讲解创业理念、创业方式、创业条件以及创业成功的案例等。该校通过为期 3 天的培训,提升返乡农民工的创业意识,丰富他们的创业理论知识,有效激发其创业积极性和主动性。在培训结束时,培训学校还要求每名学员结合自身情况拟出一份"创业计划书",内容包括创业项目、资金来源、创业主题以及盈利情况等,并以此作为培训活动的结业测评,确保达到应有的培训效果。

返乡创业农民工积累的资金来之不易,而且他们往往都不具备很强的资金实力,实际经营中常常捉襟见肘,深受资金不足之苦。所以,农民工要尽快了解清楚当地出台的有关支持政策的内容,从中获得最大收益,顺利迈出创业第一步。

第二节　创业选址的技巧

一般来说,创业者在经营项目、经营范围确定后,再选择合适的经营地点。以下这些地方可以作为创业场所:

一、本地乡村

（1）在村里的承包地、山上、水库边、河流边经营等。

（2）在村里搞个小型加工厂，优点是房租便宜，工人上班近，自己还能照顾家里；缺点是生产条件差，交通可能不便，噪声、废水、废渣影响村里环境。近年来，随着在农村投资的人越来越多，农村小型加工厂的生意也是越来越好。

①工艺鲜花。在日本，工艺鲜花是很流行的花卉品种，它在当地的市场需求量也是很大的。工艺鲜花制作起来也简单，只需要将花卉"梳妆打扮"一番，就差不多可以销售了。国内工艺鲜花的市场也不小，加工者对鲜花进行简单加工，收获也不小。

②豆制品加工。大豆可以加工成很多种食物，比如说人们经常吃的水豆腐、豆腐丝、豆腐皮、豆腐干、臭豆腐、豆腐乳等。这些产品制作成本也不高，需要的投资少，制作的技术又简单，基本一学就会，余下的豆渣还能养猪和喂牛，利用得很彻底。

③花生加工。花生一直被视为健康的食物，有"长寿果"的称号。花生可以制作成多种多样的食物，比如说煮花生米、五香花生米、油炸花生米、酱花生米、花生酱等，无论是在城市还是在乡镇，都大有市场。

④小磨香油加工。香油因其香味和健康，一直深受人们的喜爱，而且用小磨加工的香油、香油皮，色泽好、香味浓，备受城乡居民的青睐。所以开设香油加工厂，是一个本小利大的好项目。

二、集镇、乡镇、县城

目前，我国大部分县城人口比较多，许多外出务工、经商的人员返乡，基本上都想在县城买房居住，自己在县里做点小生意，子女在县里的好的中学读书。因此，可以说县城、大集镇是返乡创业的主战场，农民工回乡创业一般集中在集镇和县城。另外，农民工回乡创业有利于推动中西部地区的工业化和城镇化建设，缩小区域间、城乡间的差距，推动新农村建设与和谐社会构建。

在这里选址的缺点是，如果大家返乡都一窝蜂到县城创业，市场容量有限，同行业的竞争也会变得激烈；另外，也可能照顾不到在村里的家庭。

三、开发区

开发区的快速发展与城市化的快速推进，基本上并行不悖。大多数开发区都在城市空间拓展的主导方向上，因此成为城市化和城市空间拓展的优先区域。开发区在发展工业的同时，也成为生产要素以及人口的聚集地。开发区已经成为中国经济发展的重要增长极，在促进中国经济"量"的增长和"质"的提高中起到了重要作用。

经过近 40 年的发展，开发区形态更加多样：经济技术开发区、自由贸易区、高新技术产业开发区、国家旅游度假区、综合开发区以及国家综合配套改革试验区。开发区的所在地域也从沿海开放城市变为包括沿海和内地的诸多城市在内，遍布全国各省（自治区、直辖市）的诸多城市，并下沉至区县镇。在开发区开厂的优点是生产条件好、交通便利、企业形象能得到提升，还能享受到一些优惠政策。不过，在开发区投资办厂运行成本高、投资额可能比较大，创业者要根据个人情况进行选择。

第三节　项目选择的技巧

创业首先要选择好的创业项目，确定经营范围。农民工创业者选择项目要结合城市、家乡两地的情况。如果项目大方向没有错就可以实际操作。许多创业者在创业后往往要根据现实经营情况，对项目中具体的产品和服务类别、品种、规格做出优化和调整。

一、收集项目信息的途径

（一）确定资料来源

确定信息资料来源是创业信息收集的第一步。信息按照来源可以分为一手资料和二手资料。二手资料通常来源于新闻媒体、报纸杂志、行业组织或咨询机构发表的统计数据。由于二手资料可信度和相关性差，需要对它进行评估。一手资料通常是为了解决特定问题而专门收集的资料，在创业信息收集中经常使用。

（二）确定收集资料的方法

收集第一手资料可以采用访问法、观察法或实验法。收集第二手资料前也应明确采用何种方法，如直接查阅、购买、交换、索取或通过情报网络收集。

二、资料评估的准则

（一）准确性

收集到的资料必须准确、真实、完整，要避免资料内容虚构、歪曲或以偏概全，一般要求收集的资料有来源、形成过程等方面的相关说明。

（二）时效性

收集到的资料可能不是当前的资料，其发表时间可能远远早于收集时间。部分市场调研需要反映研究对象当前情况的资料，时间越近，越有价值。

（三）切题性

辨别资料最初的研究目的，为了特殊利益关系或为了促进创业采用技巧性宣传的资料，以及与目前调研目的不符或相冲突的调研资料，都应该过滤掉。

（四）权威性

所收集的资料必须有一定的深度和实际内容，对于泛泛而谈、缺乏权威的资料应该慎用或少用。

三、适合返乡创业的项目

农民工返乡创业项目大致可分为四种类型：

（一）"农户+公司"项目

"农户+公司"项目是指公司将生产环节外包给农户，自己负责销售与服务环节，承担农产品的大部分风险，农户完全解除了技术与市场之忧，双方形成相对完整、独立的经营模式。

这类项目投资规模小，方便灵活，吸纳人员多，是最适合农民创业的，其主要涉及种植、养殖、农产品加工、机械制造、文化产业、中介服务、农机服务、交通运输等十多个行业。

（二）农业规模经营项目

农业规模经营项目是指根据耕地资源条件、社会经济条件、物质技术装备条件及政治历史条件，确定一定的农业经营规模，以提高农业的劳动生产率、土地产出率和农产品商品率的一种农业经营项目。农业规模经营要进行土地、劳动力、资本、管理四大要素的配置，其主要目的是扩大生产规模，使单位产品的平均成本降低和收益增加，从而获得良好的经济效益和社会效益。

农业规模经营的发展方向是农业适度规模经营，即在保证土地生产率有所提高的前提下，使每个务农劳动力承担的经营对象的数量（如耕地面积），与当时当地社会经济发展水平和科学技术发展水平相适应，以实现劳动效益、技术效益和经济效益的最佳结合。评价农业规模经营可以从两方面入手：一方面，各生产要素的组合是否合理；另一方面，各方面的利益关系是否协调。农业规模经营包括许多具体模式，如种植专业户、机械化家庭农场、机械化集体农场、农工一体化等。

（三）农村合作经济组织项目

农村合作经济组织主要是指从事农业生产、加工以及流通的个人与组织，在外部环境（如政策、经济、法律、科技、社会资本等）及自身条件的约束下，基于生产经营的共同利益，在自愿互利基础上通过一定的合作机制组建而成的特定经济实体。

农民合作经济组织较好地满足了农民对农业社会化服务体系的需要，为农民参与市场竞争提供了组织化的平台，并取得了农业产业化经营中的规模效益。

不仅如此，农民合作经济组织的专业化经营也大大加快了农业内部的分工。根据亚当·斯密的分工理论，分工是提高劳动生产效率、促进经济增长的源泉；马克思也强调分工的重要性，并指出分工与协作能够产生一种集体力量形式的生产力。组织起来的农民以专业合作的形式开展农业市场化经营，不但可以获得社会分工、协作的生产力，而且通过扩大规模、突破地域限制而推动了农业结构调整和农业的区域化布局。农民合作经济组织提高了生产力，从组织、制度和结构的层面为农业发展提供了支撑。

（四）农村旅游业项目

农村旅游是旅游经济发展的新模式和新要求，农村旅游业作为旅游经济发展的主要引擎，在实现旅游经济持续快速发展过程中起着十分重要的作用。郊区可以依据其山水方面的自然优势，发展以餐饮、旅游、休闲娱乐为主的"农家乐"旅游业。

近年来，旅游业迅猛发展，成为许多地方的主导产业，让一些过去一贫如洗的乡村变成了美丽富饶之地，乡村群众发展致富，"腰包鼓起来了"。从实践看，乡村旅游对改善乡村人居环境、提高乡村人民生产生活水平，都具有重要意义。据此，在乡村振兴的时代要求下，各地应高度重视旅游业发展，将旅游业作为乡村振兴的重要增长点。具体而言，各地应该采取以下措施：

（1）要加强宣传引导，推动广大干部群众转变思想观念。在构建新发展格局的当下，各地要重视发展乡村旅游业，发动各级干部和广大群众积极参与，为乡村振兴注入强劲动力。为此，各地要加强舆论宣传引导，着力影响那些认为旅游业没有前途的人，把广大干部群众的思想认识统一起来。各地要彻底消除没有优势资源就不能抓旅游业、抓旅游是务虚、保护绿水青山不能搞乡村旅游等错误观点，让广大干部深刻认识到搞旅游不一定要有旅游资源，关键是要有好的营销策略；让广大干部深刻认识到旅游业是能够带来真金白银的产业，深刻认识到生态环境保护与旅游开发并不矛盾。

（2）要做好发展规划，推动战略性主导产业关联式发展。中国地域广大、幅员辽阔，各地都有自身的优势产业，把这些优势产业培育成主导产业是各地正在做的事情。搞好乡村旅游，不能故步自封，而是要坚持开放，尤其是要破除思维的禁锢。在规划过程中，各地要始终坚持实事求是原则，把发展战略性主导产业与推进乡村旅游结合起来，让两者碰撞出新的火花，展现出主导产业在激活乡村旅游业上的强大优势。在实施规划中，各地要全面落实规划，不偏不倚，坚决防止不按规划办事，"另起炉灶""另搞一套"的现象。

（3）抓旅游业就是抓新的经济增长点，抓乡村旅游是推动乡村振兴的关键因素。按照世界上通行的看法，旅游业被人们誉为"无烟工业"，是第三产业的"重头戏"。一、二、三产业协调发展，是高质量发展的前提。第三产业是整个产业全局中最大的"黑马"。各地党委政府和广大干部要深化认识，把乡村旅游作为培育新的经济增长点的重要突破口，推动乡村振兴不断取得新成效、新进步。

第四节　筹措资金的技巧

启动任何项目都需要成本。对企业家来说，快速有效地筹集资金是成功的关键之一。创业融资需要多管齐下的方法来实现回报最大化。

一、银行贷款

因为银行有强大的资金实力，而且大多有政府背景，所以银行贷款在企业家中有"群众基础"。目前银行贷款有四种类型：

（1）抵押贷款，是指借款人向银行提供一定数量的财产作为信用担保的贷款。

（2）信用贷款，是指银行仅仅基于对借款人信用状况的信任而发放的贷款，借款人不需要向银行提供抵押品。

（3）担保贷款，是指由担保人的信用担保的贷款。

（4）贴现贷款，是指借款人在急需资金时，以尚未到期的票据向银行申请贴现的贷款。

申请银行贷款的企业家要准备打一场"持久战"，因为申请贷款不光是与银行打交道的问题，还是通过市场监督管理部门、税务部门、中介组织等"门槛"的问题。此外，申请贷款的程序非常复杂，在任何环节都找不到问题才行。

中国农业银行农民小额贷款是中国农业银行对农户家庭内单个成员发放的小额自然人贷款。每户农户只能由一名家庭成员申请农户小额贷款。中国农业银行的农户贷款一般没有信用贷款形式的，需要以保证、抵押、质押、农户联保等方式申请。

邮政储蓄银行小额贷款主要针对农户发放，是用于满足其农业种植、养殖或者其他与农村经济发展有关的生产经营活动资金需求的贷款。这类贷款要求自然人保证或者是联保，最高可贷款 5 万元。

二、贷款政策

国家可以在返乡农民工和其他企业家创业期间向他们提供小额担保贷款。例如，合伙企业或组织开业并经市场监督管理部门登记注册，小额担保贷款金额可增加至 20 万元。对于那些通过小额担保贷款支持成功创业并按时偿还小额担保贷款的人，根据业务的扩大和就业的增加（5 人以上），可以为小额担保贷款提供高达 30 万元的二级支持。担保贷款可以发放给符合条件的劳动密集型小企业（包括再就业基地和非正规就业组织），即它们雇用符合小额担保贷款申请条件并拥有职工总数 30% 以上（100 人以上企业超过 15%）的返乡农民工和其他人员，与他们签订劳动合同一年以上，贷款期限最长为两年。贷款金额在 200 万元以下（含 200 万元），属于微型和小型企业优势项目中的再就业基地和非正规就业劳动组织，可享受全额财政贴息，中央财政负担 25%，省级财政负担 75%；其余部分按规定给予 50% 的贴息，中央和地方财政各承担贴息资金的一半。如果贷款超过 200 万元，当地财政给予具有一定规模和稳定经营的企业家和企业 50% 的折扣，可根据上述优惠政策，通过资产、土地担保、企业担保等方式给予 500 万元以下的贷款支持。

农村户口 5 万元三年免息政策是存在的，不过并不是针对所有人，主要针对以下人群：农村贫困户，但需要具备还款能力且贫困户一年最多可贷款 5 万元；想要创业增收的农村建档立卡贫困户；申报的致富项目为养殖、种植或者是从事经营加工等致富项目的人员；新型农业的经营主体、农业产业化的企业或者其他带动贫困户脱贫致富的相关企业。另外，农村户口 5 万元三年免息贷款申请者要符合相关年龄要求，即 18~45 周岁的具有完全民事行为能力的中国公民。

三、合资经营

创业者在创业资金缺乏或从其他途径无法获取创业资金时可考虑合伙经

营。但是合伙经营容易产生纠纷，创业者选择合伙人应考虑两点：合伙人是否与创业者达成经营共识，是否会与创业者同甘共苦、共渡难关。

在合伙创业中，我们要注意一个问题，即如果合伙的过程中合伙人之间经常意见不合，不能继续合作，就应停止合作。为了避免合伙经营过程中出现矛盾和纠纷，合伙双方需签订合伙协议。

四、民间贷款

民间借贷是指公民之间、公民与法人之间、公民与其他组织之间的借贷。只要双方当事人意见表示真实即可认定有效，因借贷产生的抵押相应有效。但民间借贷的利率不得超过人民银行规定的相关利率，年息36%以内受国家法律保护，超过36%无效。民间借贷是一种直接融资渠道，银行借贷则是一种间接融资渠道。

民间贷款分为民间个人借贷活动和公民与金融企业之间的借贷。民间个人借贷活动必须严格遵守国家法律、行政法规的有关规定，遵循自愿互助、诚实信用原则。出借人的资金必须是属于其合法收入的自有资金，禁止吸收他人资金转手放贷。民间个人借贷利率由借贷双方协商确定，但双方协商的利率不得超过国家规定。公民与企业之间的借贷，只要双方当事人意思表示真实即可认定有效。实践中属于下列情形之一的，应当认定借贷合同无效：企业以借贷名义向职工非法集资，企业以借贷名义向社会非法集资，企业以借贷名义向社会公众发放贷款，其他违反法律、行政法规的借贷行为。民间贷款主要具有以下优势：

（一）低利率互助型借贷

这种形式也就是民间常见的"帮困济贫"，主要是城乡居民、个体私营企业主之间用自有闲置资金进行的无偿或有偿的相互借贷行为。相互熟悉、相互信任的借贷双方直接见面，约定借款金额、期限、利息，由口头约定或打个借条，用于个人之间，主要是亲友之间临时性资金调剂，金额从几百元到数万元，企业之间金额由数万元到数百万元，有的民间抵押借款甚至单笔达上千万元。民间贷款公司借贷借款期限灵活，有不定期、几天、几个月，借贷双方私交好时期限可以长达几年。互助型借贷基本不考虑盈利或只有微小利益。这类贷款的用途主要是应付生活、生产急需。

（二）民间贷款普遍门槛低

银行贷款期限一般为定期，而民间贷款可以即借即还，适合小企业使用频率高的特点。民间贷款公司发放高息借贷。这种借贷的融资主体主要是个体及民营中小企业，以关系和信誉为基础，筹措资金多用于生产资金的周转。资金相对比较富裕的个体户和中小企业主，在暂时没有新的资金投向的情况下，为了给闲置资金寻求新的"出路"，向一些资金匮乏且又急需资金的企业及个人提供高息借贷。这种以信用交易为特征、利率水平较高的借贷是民间抵押借款的主要方式。这种借贷利率根据借款的主体、借款的用途、借款的时间、借款的急缓程度而定，大部分在商业银行同期利率四倍以内，月利率为8‰~30‰。

（三）节省费用

由于民间借贷省去了公证、鉴定、验资、抵（质）押登记等手续，也就节省了不菲的中介费用。民间借贷融资正是具备了这些比较优势，才使得民间融资市场日趋活跃起来。

如果投资报酬率远远高于贷款利率，举债经营也能带来收益，否则风险很大。民间借贷一般采取利息面议、直接成交的方式。因此，民间借贷以其灵活性高、期限不定、随借随还等特点大行其道，一般以2~8个月居多，最长不超过1年。

五、追加投资

追加投资是在原有基本建设投资额的基础上增加的投资。造成追加投资的原因，一般是国家调整计划，或设计文件改变以及意外事故等。在追加投资时，原基本建设支出预算数要进行相应的调整，属于国家调整计划的，必须根据国家计划委员会、财政部批复的文件予以调整；属于地区或部门范围内的调整，也必须按相应的计划部门和财政部门批复的文件办理。基本建设支出预算指标的追加、追减，一般应在本地区、部门内自求平衡，实在不能平衡的，再报上级进行相应的调整。

如果企业自有资金不足以满足创业需要，而项目又属薄利多销式的大众消费类产品，盈利空间很小，无法承受银行借贷的利息，不妨选择在平稳起步、小本经营发展中积累资金的做法，以减少创业资金，降低经营风险。

六、融资租赁

融资租赁是目前国际上最为普遍、最基本的非银行融资形式。它是指出租人根据承租人（用户）的请求，与第三方（供货商）订立供货合同，根据此合同，出租人出资向供货商购买承租人选定的设备。同时，出租人与承租人订立一项租赁合同，将设备出租给承租人，并向承租人收取一定的租金。融资租赁是一种以融资为直接目的的信用方式。从表面上看，这是一笔贷款，但从本质上说，这是一笔以租金形式分期偿还的贷款。

融资租赁是集融资与融物、贸易与技术更新于一体的新型金融产业。由于其融资与融物相结合的特点，出现问题时租赁公司可以回收、处理租赁物，因而在办理融资时对企业资信和担保的要求不高，所以非常适合中小企业融资。融资租赁的特征一般有五个方面：①租赁物由承租人决定，出租人出资购买并租赁给承租人使用，并且在租赁期间内只能租给一个企业使用；②承租人负责检查验收制造商所提供的租赁物，对该租赁物的质量与技术条件，出租人不向承租人做出担保；③出租人保留租赁物的所有权，承租人在租赁期间支付租金而享有使用权，并负责租赁期间租赁物的管理、维修和保养；④租赁合同一经签订，在租赁期间任何一方均无权单方面撤销合同，只有租赁物毁坏或被证明为已丧失使用价值的情况下方能中止执行合同，无故毁约则要支付相当重的罚金；⑤租期结束后，承租人一般对租赁物有留购和退租两种选择，若要留购，购买价格可由租赁双方协商确定。

这种融资方式具有以下优点：不占用初创企业的银行信贷额度，初创企业可以在支付初始租金后使用设备，而不是一次投资大量设备，因此可以将更多资金转移到最需要的地方。这种融资方式更适合需要购买大型设备的初创企业。除了选择实力雄厚、信用可靠的租赁公司外，租赁形式越灵活越好。

七、风险投资

如今，许多企业家选择在筹集资金时引入风险资本。风险投资是一种高风险、高回报的投资。风险投资主要是指向初创企业提供资金支持并取得该公司股份的一种融资方式。风险投资是私人股权投资的一种形式。风险投资公司为专业的投资公司，由一群具有科技及财务相关知识与经验的人所组合而成，经由直接投资获取投资公司股权的方式，提供资金给需要资金者（被投资公司）。风险投资公司的资金大多用于投资新创事业或是未上市企业（虽然现今法规上已大幅放宽资金用途），风险投资并不以经营被投资公司为目的，仅提供资金及专业上的知识与经验，以协助被投资公司获取更大的利润，所以这是一项追求长期利润的高风险、高报酬事业。风险资本家以股权参与的形式进入初创企业。为了降低风险，他们将在实现增值目标后退出投资，永远不会与初创企业挂钩。

进行风险投资时，创业融资者需通过创业计划书展示、表现自己的性格优势和项目优势。客观地说，返乡创业者在创业之初并不适合引入风险投资，因为：返乡创业的项目一般不是具有潜力的科技板块；风险投资不是雪中送炭，而是锦上添花；风险投资非常关注创业企业的盈利模式，而返乡创业者的项目往往缺乏创新，利润空间小，不具有丰厚的盈利。

第五节　创业起步的技巧

一、初创期需创造条件

创业不能等到所有条件都具备后才开始，很多创业者都选择在创业的过程中不断地弥补那些不足。

如果创业者选定了从未接触过的行业作为创业项目，确定在某一行业创业后，不妨认真了解一下这一行的情况。例如，创业者有意办一家小商店，不妨先留心周围商业的招聘广告，到其他商店或超市打工一段时间，待摸清楚这一行的情况后，再开创自己的事业，避免通过失败交学费。

二、初创期需明确目标

创业者应该明确创业目标。很多初次创业的人没有制定经营目标，稍微受到打击，感到看不到前途和希望，就选择放弃。

三、初创期要先求生存

企业发展有播种、培育和收获的过程。初创企业的首要任务是生存，其次是发展。因此，企业家不应该在增加项目和扩大摊位上花费太多精力，而应该把有限的企业资源集中在他们的创业目标上，使他们能够更好地生存并实现目标。

四、初创期要避免失误

由于创业者缺乏经营与管理经验，有可能会出现如下失误：

（1）没有原材料来源，缺乏市场预测经验，分销渠道不畅，采购和库存不一致。

（2）资金短缺导致材料短缺，员工的工资被削减。员工经常停止生产和经营。

（3）购买陈旧设备或假冒伪劣设备，不了解或不注意设备的维护，导致故障频发，产品不合格率高。

（4）为了吸引客户赊销，出现了"入不敷出、无力还债"的局面。

（5）参与过多的交际应酬以及过度吃喝玩乐，导致无法控制个人支出。

（6）财务未建账，使得收支混乱。

（7）急功近利，不打好基础就过早扩展业务，资金遭套牢。

在创业初期，一些极易被创业者忽略或不在意的问题直接导致企业止步在创业初期。因此，对于创业者来说，重要的是把眼前的事做好，而没必要去规划企业愿景和过于长远的目标。

第六节 赢得客户的技巧

一、以真诚打动客户

对企业家来说，快速销售产品或服务是最重要的。从本质上说，销售是一种双向互动和有效的沟通，包括有目的地提供信息、解释、演示、持续指导、说服和认可，以及这些环节中的互动和反馈。

向顾客销售时，销售者应该用眼睛观察，用心灵感受，用大脑思考，用嘴巴提问。通过真诚的沟通，销售者不仅能充分了解客户的需求，还能发现他们的潜在需求，帮助他们找到合适的解决方案。更重要的是，真诚的沟通也能让销售者与客户建立信任关系，这对建立长期合作和提高客户忠诚度起着重要作用。

二、以尊严赢得客户

尊重和认同客户并不是阿谀献媚，而是一种发自内心的体贴和关怀，是一种内涵和教养。每个人都需要被尊重，只有尊重客户，对方才会以同样的态度相待。

回乡创业的人不要认为自己是一个小人物，也不要认为自己只是一个小老板，心里没有底；要保持公司的形象，就得有信心，越是奴颜婢膝的人，越是被看不起。反之，企业家越是慷慨大方，越有尊严，别人对他越尊重。

对客户负责，我们应该注意以下细节：诚实对待客户，不能欺骗客户；帮助客户选择最适合他的产品，而不是最贵的，也不是你最高的产品；与客户合作要有双赢的理念，即客户赚到钱，你才能赚到钱；尽你最大的限度帮助客户实现其所想。

三、以热情赢得客户

返乡创业的企业家对于他们的产品或服务是否有足够的热情，将影响他们对产品的态度。假如返乡创业的企业家对他们的产品不感兴趣，那又如何说服顾客对产品感兴趣？顾客也不愿意为产品买单。返乡创业的企业家对自己的产品是否有激情，将极大地影响客户的决策。这类创业者之所以能成功，是因为他们总是热忱地为公司和产品服务，无论何时何地。

所以，返乡创业的企业家在与顾客交流时，要把他们对产品的积极态度传递给顾客，这样才能达到激发顾客兴趣，使其最终购买的目的。返乡创业的企业家在销售产品时，要充分展示产品的亮点，讲得透彻。要注意以下几点：当顾客看产品时，要让顾客仔细看，不要说得太多；如果顾客在看产品时，附近的工作人员总是唠叨不休，顾客就会产生情绪，效果可能会很差。

第五章 乡村振兴背景下返乡电商创业绩效实证

第一节 电商对农村消费的服务作用

在中国改革开放的 40 多年中,农村人口向城市地区的流动速度和城镇化进程不断加快。从农村到城市的这样一种劳动力资源配置的格局拉动了宏观经济持续增长,但也使城乡不平等程度逐渐扩大,由此产生的劳动力短缺、产业空心化等问题是造成农村贫困加剧的重要原因。创业是农村减贫的有效方式。大量针对发展中国家的经验证实,农村地区的创业活动可以产生大量的就业机会,显著提升创业者和受雇者的收入和消费水平,进而降低整体贫困率。2018年和 2019 年的中央"一号文件"进一步从"加强扶持引导服务""支持建立多种形式的创业支撑服务平台,完善乡村创新创业支持服务体系"等方面提出了提升乡村创业行动效果的路径。

一、农村电商发展的特点

(一) 农村电商呈现规模化、专业化发展特点

我国农村电商已进入规模化、专业化的转型升级阶段,越来越多的"电商县""电商镇""电商村"正在诞生,这有效提升了我国农村电子商务产业集聚水平,使农村电商结构效益更加优化。2020 年 6 月底,阿里研究院在全国发现 5 425 个淘宝村、1 756 个淘宝镇,淘宝镇广泛分布于 27 个省(自治区、直辖市)。电子商务对各地产业的直接和间接促进作用越发明显,并已经形成产业集聚发展态势。浙江义乌的小商品、山东曹县的演出服、浙江永康的健身器材、江苏睢宁的家具等,电商年销售额达数十亿元甚至上百亿元,有力地促进了企业发展和产业振兴。农村电商在乡村振兴进程中扮演的角色越来越

重要。农村电商发展使原本已经不具备竞争优势的地区重新获得活力，催生了诸多关联产业，使当地农村居民收入大幅增长。山东菏泽曹县通过发展电子商务，由最初的工业基础薄弱、贫困人口数量全省第一的贫困县，发展成为全球最大的木制品跨境电商基地、全国最大的演出服饰产业基地，2019 年共有 124 个淘宝村，全县电商销售额达到 198 亿元，效果极其显著。

（二）推动农村电商模式加速创新，电商服务业创新不断发展

电商新模式、新业态不断涌现，5G（第五代移动通信技术）、物联网、大数据、云计算、区块链、人工智能等新技术快速发展，为新模式、新业态的开发赋能，极大地推动了传统农业的改造，推动了农村电商的升级。2019 年，社交、直播、内容电商借助社交平台和内容平台，通过分享、内容制作、分销等方式，实现对传统电商模式的迭代，已成为农村电商市场重要新业态并保持高速增长。直播带货悄然走红，不仅给消费者带去实惠和便利，而且盘活了万亿级农村消费市场。艾媒咨询数据显示，2019 年，中国直播电商行业的总规模达到 4 338 亿元，同比增长 226%。明星带货、达人带货、县长带货，各种平台的电商直播带货都非常活跃，对农产品的销售起到了积极的促进作用。据统计，现在全国走进网络直播间的"县长"已经超过 600 位。2020 年 3 月在"战疫助农县长来了"抖音直播间，周至县副县长直播短短 10 分钟，线上成交就达到 6 000 多单；长武县县长也在直播平台为农产品代言，收获了 1.37 万单，共售出 5.98 万千克苹果，成交额达 54.6 万元。淘宝直播数据显示，2019 年仅淘宝平台直播农产品成交额就突破 60 亿元，直播已经覆盖全国除港澳台地区外 31 个省（自治区、直辖市）的两千多个县域。直播已经成为电商助力农产品销售的有效模式。李佳琦、李子柒等 KOL（关键意见领袖）的强大流量和变现能力进一步催化直播电商的迅速发展。2019 年 12 月 31 日，淘宝知名主播薇娅开启"跨年直播"，河南确山县红薯示范基地的一款红薯干上架仅 3 秒即售罄，销量 4 万包，销售额达 53.6 万元，带动当地 120 户贫困户平均增收 3 000 元。与传统电商相比，社交电商拥有体验式购买、用户主动分享、销售场景丰富等独特优势，其优势在品牌培育方面尤其明显。过去在传统市场培育一个全国性知名品牌需要十几年甚至更长时间，社交电商的兴起则大大加快了这一进程。随着"互联网+创业创新"的推进、5G 等新一代信息基础设施的加快建设，社交电商加速发展。艾媒数据显示，2019 年社交电商行业交易规模突破 10 000 亿元，达到 12 903.1 亿元。此外，各地也在结合当地农村电商发展现状，积极创新电商模式。丽水农村电商"赶街 3.0 模式"以县、乡、村三级合伙人为核心载体，基于移动互联网平台，实现服务下乡、村货进城的

双向服务链接，是赶街在丽水市推行的新模式。其电商平台已成为国内领先的乡村生活服务平台，加快了丽水农村电商的跨越式发展。

（三）农产品"拉式"供应链逐步形成，并随着我国居民消费结构持续升级

人们对优质、特色农产品的消费需求持续增加，对农产品产生了诸如绿色、有机、营养等个性化、多样化的消费需求。相关交易的方式和模式、物流供应链、支付结算网络金融等都开始以平台客户的需求为导向，农产品已经由传统的"推式"供应链向"拉式"供应链转型，农产品"拉式"供应链正逐步形成。目前，越来越多的电商企业投身到农产品产业化进程中，向农业生产端渗透，不断将业务布局向农产品供应链前端延伸，产地直供、订单农业、云养殖等新模式不断涌现，利用科学合理的种植技术和经营理念革新农业生产方式，推动形成完整的农业产业链。拼多多与地方政府合作开启"多多农园"项目，以"农货智能处理系统"和"山村直连小区"模式，构建了以建档立卡贫困户为生产经营主体、以当地特色农产品为对象的种植、加工、销售一体化产业链条，解决了贫困地区的农产品标准化规模化生产和销售问题。京东农场项目整合京东物流、金融、大数据等，打造现代化、标准化、智能化新农场，已经在东北、西北、西南、华东、华南等多地实现了创新落地，合作农产品类型覆盖粮食、果蔬、菌类、食用油等多个领域。

农产品电商发展有五大关键词：数字化、新零售、小镇青年、品牌化、小而美。基于这五大关键词，农产品电商发展呈现五大趋势。

（1）数字化全链路渗透率逐步提高：5G技术、乡村振兴战略叠加数字农业相关政策，将共同助力数字农业步入快速发展期。未来五年，将是数字农业发展的窗口期和机遇期。

阿里集团积极投身数字农业基地建设，打破中国传统小、散、乱的小农模式，建立了1 000个规模化的数字农业基地，实现优质农货原产地直供，让消费者吃上更安全、更有品质的食品；借助高科技加持的供应链，帮助农民提高种植、流通、销售各环节的效率，进而增加农民收入。

（2）线上线下融合模式不断创新：注重消费者购物体验、物流配送效率、购买便利性，以及强调线上线下融合的新零售，将重构城镇消费市场格局。基地直采、社区团购、社群消费、直播带货等模式的扩展，促成消费体验的融合、供应链效率的提升以及消费场景的延伸，更好地解决农产品选品和食品安全等问题，进一步凸显优质农产品的竞争力。

（3）小镇青年的消费潜力将会逐渐释放：随着国家城镇化的推进，人均

消费水平的增长，互联网覆盖率的提高，电商基础设施的逐步完善，小镇青年的消费力呈现快速增长趋势。直播电商、社交电商通过网红和意见领袖的带动，逐步改变了城镇和农村居民的消费理念，淘宝特价、聚划算等应用降低了小镇青年的尝试门槛。商品的品质已经超越价格因素，成为下沉市场的消费者最关注的指标。消费者对于口碑评价、品牌知名度等指标的关注度也呈现上升趋势。

（4）数字化与品牌化交互提升农产品溢价能力：农业农村部推动的农产品区域公用品牌建设，有利于推进质量兴农、品牌强农，是推动农业高质量发展的重要战略。在与数字化的交互过程中，电商通过消费者的购买及评价数据积累，能够掌握品牌在消费者心目中的价值，同时反馈给整个生产和供应链，有目标地提升消费者体验。农业全产业链的数字化，有助于电商及生产者评估投入产出比，明确溢价的来源及提升策略。电商的普及，使得政府更加关注对于农产品区域公用品牌的品效合一（注重品牌传播带来的销售结果），将带动一批企业的农产品品牌建设，提升区域农产品的议价能力。

（5）消费需求的细分催生一系列小而美的形态：经济社会发展水平的不平衡和地域饮食习惯的区别，使得中国不同地方的消费者对于农产品的消费需求具有一定的差异性。直播电商、社交电商的出现，降低了普通用户和生产者成为商家的门槛。农场对接社区、农民专业合作社电商转型等短链农业方式，让生产者有机会接触更多的消费者，且不以规模化为目标，从而形成了一定的供需平衡。更多具有跨行业经验的创业者成为新农民后，更注重消费者的互动与体验，带来了产品和后服务的新形态。以地标农产品为依托，根据消费者体验场景的不同而创新的小而美的产品，叠加服务后，将为农产品消费市场带来更多的细分领域。

（四）农村电商成为电商下沉市场主战场

"下沉"从来不是新名词，互联网的诞生天然就带有共享、下沉和普惠的属性。技术和商业模式的创新，提升了信息和商品的传播效率，无论是淘宝电商，还是微信社交平台，这些平台诞生伊始，就带有下沉的属性。近年来，在互联网行业整体发展放缓的大背景下，向下渗透和市场下沉成为互联网企业扩大用户增量、寻求新市场机会的重要方向。面对流量红利的不断消失以及获取流量成本的不断升高，越来越多的企业开始将目光放在下沉市场，而下沉市场的争夺，不能只停留在价格战和营销上。只有放眼全局往前看，同时根据需求调整战略，才能在下沉市场中赢得未来。

下沉市场是指三线以下城市，包含三线、四线、五线城市以及广大乡镇、农村地区。CNNIC(中国互联网络信息中心)最新数据显示,2020年,我国手机网民规模达8.47亿,下沉市场网民约占54.3%,中国移动互联网总时长增量中有55%的增量来源于下沉市场。下沉市场的平均消费增速也远高于一二线城市,且下沉市场消费群体暂未形成稳定的品牌喜好。目前,随着数据积累、技术升级、下沉市场居民消费升级和消费习惯的转变,品牌商家、电商平台等不约而同又走在了一起。下沉市场具有无限的发展潜力,未来将是各大品牌增量市场的主要战场。

近年来,我国农村地区网购消费增速明显快于城市,随着互联网覆盖率的提高,农村居民大量触网,农村网购规模持续扩大,成为我国消费增长的重要因素。2019年,农村网络销售额占全国网络销售额的16%,未来提升空间依旧很大。例如,拼多多从创立之初就面对下沉市场,通过社交裂变,以低价取胜,通过多种策略的组合,打造"同类商品最低价格",销售实现了惊人的高增长。同时,拼多多也在推出"新品牌计划",改变假货、仿冒、低质等标签形象。小米积极布局线下市场,小米之家转变为纯销售体验店,并计划在五年内由2019年年底的54家扩张到1 000家,以新型城镇为扩张重点。小米还作为唯一手机厂商参加了全国农民手机应用技能培训周,在应用层面也为农民量身定制了实用的应用程序,包括在线查询种子、化肥、农产品的市场行情,了解农业农村政策法规、气象灾情信息,以及小额信贷等金融服务。阿里、京东、苏宁等各大电商平台积极加大对下沉市场的开发力度。阿里巴巴通过淘宝村播、淘宝村、聚划算等加强对下沉市场的布局;京东拼购全面升级了招商政策,并通过强化与微信的合作拓展流量入口;苏宁易购近期上线"快手小店"、收购60余家便利店,加速布局下沉市场。

二、电商创业模式和服务

(一)电商创业模式

农村电子商务创业的发展历程如下:在农村地区布置多个国内电子商务平台,招募有识之士成为"农村电子商务创业伙伴"(前农村电子商务推动者)。电子商务公司在各县设立县级服务中心(县级主管由公司指定),连接上级和下级部门,转移货物;有些乡村服务站由商业伙伴负责运营和管理。以电子商务平台上销售的各种商品为主体,电子商务运营方负责营销和宣传,并为购买当地农民产品提供帮助。

(二)创业人员的服务类型分析

对于电子商务领域内的创业者来说,其针对农村群体所给予的电子商务的服务一般主要包括以下三种服务类型：

（1）宣传服务。该服务是指将基本知识传授给农村居民，需要讲解怎样选择商务平台实现网上购物，并对问题进行回答，处理网上购物期间的所有问题；在节假日的时候，还需要在第一时间实现折扣促销。

（2）购买服务。该服务是指创业者为没有能力在线购买商品的一些农民，提供与购买相关的服务。一般而言，它包括产品的搜索和预付以及在线购买。

（3）其他类型的服务。该服务是指快递以及售后服务等多个方面。

（三）电商创业在农村领域电商消费中所产生的服务性

电商创业的主要任务是解决发展中的不均衡问题，实现协调发展：一方面，在城乡经济普遍增长的情况下，市民与农民生活水平共同提高且认识到城乡自我积累、自我发展能力之间的不平衡，允许和鼓励城市继续发挥和利用自身优势，在公平竞争中率先发展，并把重点放在带动和辐射农村上；另一方面，也应有区别、有重点和有选择地将有限的资源投入城乡利益相关的领域，以实现高效益的产出，并利用其扩散效应带动落后地区的发展。加快农村经济发展，实现城乡协调发展，以协调发展为核心，是全面落实科学发展观，建设社会主义和谐社会，实现共同富裕的第一要务。

1. 农村领域电商消费宣传的服务效果

在电商村里，农民们对网上购物持更加开放和理性的态度。他们在网上购物方面具备更多的技术和知识，但是还有很大的提升空间。一般来讲，大众的认知受自身年龄、文化程度、个人经历等多方面因素的影响。

近几年，由于农村电子商务创业者大力倡导农村居民网上购物，电商村村民的网上购物技能和认知水平有了明显提高。

2. 农村电商代购服务的作用

"电子商务企业家代购"是电子商务创业服务和网上购物支付的创新。电子商务企业家为农民购买产品，农民在收到产品后将现金交给电子商务企业家。这种方式受到电商村农民的青睐。

对于电商村的农民来说，电子商务企业家在预付费和购买方面的优势如下：首先，在获得产品后，他们可以决定是否向企业家付费；如果认为商品不合适，可以当场退货并拒绝付款，从而推迟付款期限，减少不必要的财物损失。其次，这种方式不局限于在线支付，农村居民没有网上银行，或年龄较大、受教育程度较低的，可以委托电子商务企业家进行网上购物。

3. 农村电商配送服务的成果

近年来，农村电商不断发展，农村电商物流也在不断进行探索，以寻找合适的发展道路。自建物流、第三方物流以及自建+第三方物流等模式不断涌现。给农产品电商物流今后的多样化的发展创造了良好的发展基础。农村电商配送模式有如下几种：

（1）自营配送模式。

自营配送模式是指电子商务企业着眼于企业的长远发展考虑，自行组建配送系统，并对整个企业内的物流运作进行计划、组织、协调、控制管理的一种模式。目前，自营物流配送模式主要分为两种类型：一类是资金实力雄厚且业务规模较大的 B2C（商对客电子商务模式）电子商务公司，另一类是传统的大型制造企业或批发零售企业经营的 B2C 电子商务网站。这些企业自身就拥有非常强大的物流体系，在开展电子商务物流配送时只需要针对 B2C 电子商务特点在原有基础上稍加改善，就基本可以满足 B2C 电商物流配送需求。

（2）第三方物流配送模式。

第三方物流配送模式以签订合同的方式，在一定期限内将部分或全部物流活动委托给专业的物流企业来完成，这种模式也称为外包物流配送模式。目前，我国的第三方物流配送提供商主要包括快递公司（如顺丰、申通、圆通等）和国内邮政体系（e邮宝）两种。

（3）物流联盟配送模式。

物流联盟是指物流配送需求企业或者物流企业之间为了提高配送效率以及实现配送合理化，所建立的一种功能上互补的配送联合体。电子商务物流联盟模式主要是指多家电子商务企业与一家或者多家物流企业进行合作，或者多家电子商务企业共同组建一个联盟企业为其提供物流服务，这是为了实现长期合作而组合到一起的方式。

（4）"O-S-O"物流模式。

"O-S-O"物流模式，即物流外包—自建渠道—渠道外包模式。此模式不是简单的开始、发展、回归过程，而是符合哲学意义上的发展模式。这一模式与中国物流发展水平、电子商务企业自身发展水平、客户需求水平相联系，从最初的业务外包，到中期的选择自建，到最后的业务趋于平稳，社会化物流服务水平提升，必然会要求电商企业开放自身的物流服务渠道以供全社会使用。同时，自建渠道的不足又会吸纳优秀供应商进入服务体系，最终形成一个波浪式前进、螺旋式上升的发展模式。

（5）第四方物流模式。

第四方物流模式是专业化的物流咨询公司，应物流公司的要求为其提供的物流系统的分析和诊断，或提供物流系统优化和设计方案等。从某种程度上，第四方物流是个大概念，是真正能把众多的、成百上千家第三方公司整合在一起的供应链管理型公司。

（6）自营物流+第三方物流配送模式。

自营物流+第三方物流配模式是有经济实力的企业可以采取的模式，因为即使再有实力的企业，也不可能是"全能型企业"。因此，与第三方物流企业配合，建立协同关系是必然选择。

（7）自营物流+消费自提/自营配送模式。

自营物流+消费自提/自营配送模式是企业在选择自营物流的同时，也发挥现有渠道企业的作用和消费者的作用，如可以利用便利店、社区商店的业态进行创新，如京东的自营服务站。

（8）消费者自提/第三方配送模式。

该模式是利用第三方物流，同时发挥消费者自提的积极性；发挥第三方配送作用，直接送到消费者手中；利用第三方配送的作用，扩大物流配送的社会化功能。

（9）第五方物流模式。

第五方物流模式是指从事物流人才培训的同时，也可为物流第四方提供信息支持的模式。第五方是为供应链物流系统优化、供应链资本运作等提供全程物流解决方案的一方。

第二节　电商对农村居民购买商品的服务作用

企业家的"购买服务"在电商村的居民中非常受欢迎，并在电商村的居民中广泛使用。因此，本节将重点关注电子商务企业家提供服务的农村居民，并研究当地企业家的服务对农村居民电子商务消费的效果。因此，本节的描述性统计分析不是基于农民，而是基于电子商务企业家提供服务的个人，也称为服务对象。

一、电商对居民的服务作用

（一）解决偏远农村"购买难"问题

很多以电商为创业项目的返乡创业者所在村的人均耕地面积和人均收入低于当地其他村，其村委会与县政府的距离大于当地其他村。当开展同样的电子商务创业活动时，返乡创业者的电子商务活动往往位于更加偏远和贫困的地区。

随着社会的不断发展，网上购物在城市中的普及程度越来越高，并且开始向偏远区域蔓延。与此同时，一些西部区域的电子商务发展较缓慢，大量快递区域只覆盖城镇。快递物流的落后是这些地区居民网上购物的主要障碍。即使当地农民学会网上购物，收快递包裹仍然是一个大问题。物流的滞后在一定程度上降低了用户对网上购物体验的满意度。返乡电子商务企业家提出了在偏远农村地区购买产品的解决方案，使西部偏远农村地区的居民也能享受电子商务发展带来的便利。

（二）电商对居民的购买行为的服务作用

1. 电商拓宽农村居民购买渠道

回乡创业的电商创业者为更多的人购买商品提供了方便。电商可以改善农村居民的购物环境，让他们不再单纯依赖过去的购物方式。电商在回乡创业中所占比例很高，主要原因在于越来越多的农村女性喜欢网上购物，这类群体的主要需求大多是母婴产品和化妆品。

电商企业家通过电子商务渠道向农村居民提供产品，帮助他们购买新产品。总体来看，农村居民购物过去有以下两种途径：一种是在农村或周边村庄的便利店进行购物，但农村便利店所售商品相对较少，种类也不全，很难满足农村居民平时的需求；另一种是去城市的商店购买，但这类方式会使购买成本增加。返乡的电子商务创业者使农村居民的购买方式有所增加，获得了更多群体的肯定。这主要是因为电子商务平台的出现，给农民带来了极大的方便。

电子商务企业家日常工作中，主要涉及产品的宣传以及推荐，还有对所需信息的收集和寻找，帮助农村寻找性价比高的产品。与此同时，企业家提供的产品分销、安装以及售后服务，明显降低了农村居民的产品运输成本。

2. 电商保障代购居民的产品质量

一些乡村充斥着假冒商品。电商可在一定程度上解决这个问题，因为顾客对网上购物产品的评价是解决网上信息不对称问题的重要手段。

评价网络购物产品的主要意义在于收集众多消费者的个人体验，为将来的消费者购买提供有价值的参考。心理学研究表明，与好消息相比，坏消息更受关注。所以，问题不多的产品就是电子商务企业家们为农村居民提供的质量较好的商品，而网上购物消费的评价偏低的商品会越来越没有市场。在出现产品质量问题后，农村地区的电子商务企业家会首先得到对产品和服务的反馈，并及时解决，保证服务质量。

二、电商的扶贫作用

(一）电商扶贫的经济学逻辑

1. 帮助贫困农户实现产销对接

贫困的成因复杂，但是对于有劳动能力的人而言，价格不能有效调节市场是重要的原因之一，而且贫困地区一般具有一定的资源禀赋，多为特色农产品产区。电商发展克服了有形市场的地理限制，转变了传统的销售模式，拓宽了农产品销售市场。电商平台整合市场农产品供销信息后，贫困农户可以依据市场需求决定自身的生产与销售行为，这有助于农民增收。

2. 帮助贫困地区居民降低生产生活成本

电商提供了更多可选择的购物渠道，贫困地区居民能够方便快捷地搜寻到市场中更低价格的商品，降低生产生活成本，有利于实现减贫节支增收的目标。电商业态的成本优势不仅表现在生活产品上，还表现在生产资料上。例如，新疆生产建设兵团沙湾聚力源棉农合作社联合社通过电商平台整合农业土地、种植、机械、收获、加工、物流、销售等环节的各类生产资源，形成了闭合产业链，通过压缩中间环节明显降低了种植成本，切实提高了棉农的种植效益。

3. 对贫困人口赋能

扶贫的理想模式是增强低收入群体的自主发展能力，达到"产业扶贫、授人以渔"，从而实现贫困户有效脱贫。"互联网+扶贫"就是这样一种扶贫与扶智相结合、构建长效脱贫致富机制的模式。电商从业者一般要经过职业培训，电商运营者可以借助互联网便捷地进行培训后的跟踪和帮扶。一部分贫困户可以借助电子商务平台经营自己的网店，更多的农户也可借助培训从事电商相关的生产劳动。从这个意义上说，电商扶贫具有明显的社会溢出效应。

4. 激发贫困人口对于脱贫致富的积极性

"互联网+扶贫"的方式，可将贫困群体吸纳到产业扶贫中，从而提高贫困群体脱贫增收可持续发展的内生动力。信息渠道的单一或闭塞造成贫困者的无知，使其不能遵循经济理性从事生产，也不能更好地生活。电商扶贫可以让贫困户使用互联网获取信息，从而让贫困户"开眼界""长见识"。这种"眼界"和"见识"直接决定了贫困户从事生产劳动的主动性，可以让他们更积极地融入现代社会，分享现代化的收益。

5. 助力贫困地区实现"注意力经济"

农产品一般具有同质性，贫困地区因其生产资源所限，供给的优质农产品有限，在成本和规模上都难以与相对发达地区相比。而且，地域性农产品或加工品的消费群体相对小众，能得到普遍认同的故事的挖掘程度远远不够，难以形成有普遍需求的市场。电商则通过好的文案和热点来营销，为农产品加上了故事，吸引消费者和投资者的注意力。尤其是一些贫困地区流传的历史故事较多，易实现文化增值。

（二）电商扶贫的具体作用

电商扶贫已成为贫困群众脱贫致富最直接、最有效的途径之一。商务部牵头实施的电商扶贫取得了丰硕成果，具体体现在以下几个方面：通过支持建设县乡村三级电商公共服务和物流配送体系，完善农村电商基础设施，为农村电商发展筑巢引凤、耕田育苗；通过全面的有针对性的电商培训，帮助贫困人员掌握操作技巧，增强经营能力，培养市场意识，树立电商发展新思维；电商帮助贫困地区拓展产品市场，引领产业发展，不少地区还重塑了产业体系，为这些地区的可持续发展奠定了基础。电商扶贫激发了脱贫群众对美好生活的向往，积蓄了乡村振兴的新动能，将成为坚定实施扩大内需战略，加快形成以国内大循环为主体，国际国内双循环相互促进的新发展格局的重要抓手。

近年来，在发展现代农业和扩大农村需求等各项政策的拉动下，农村电子商务获得长足发展，长期困扰农民的买难卖难问题得到了较大程度地缓解。传统农业也借助电子商务加快向现代农业转型升级，农村居民消费的多样性、便利性和安全性不断提升。

1. 电商扶贫的新型城镇化功能

目前，我国已经超越了传统意义上的城镇化，提出新型城镇化路径。新型城镇化是以城乡统筹、城乡一体、产城互动、节约集约、生态宜居、和谐发展为基本特征的城镇化，是大中小城市、小城镇、新型农村社区协调发展、互促共进的城镇化，是产业、人口、土地、社会、农村"五位一体"的城镇化，而农村电子商务就能实现这"五位一体"的功能。农村电子商务都是靠当地产业发展起来的，并且随着相关产业的发展，有需求的人口也越来越多，逐渐聚集形成产业生态链。大家在一个产业生态链中相互协调、相互促进，形成一个相互依存、和谐发展的小社区。农村电子商务使农户学会计算机、互联网等知识，从而使农户成为知识武装下的新型农民和产业工人，缩小了城乡二元差距，这也正是新型城镇化的内涵所在。

2. 电商扶贫的生态环境保护功能

电子商务本身是互联网下的新经济，是低碳、绿色经济，不以破坏环境、牺牲当地自然资源为代价。以农产品电商为例，农产品需要进行绿色种植，产品符合食品卫生标准，能让消费者吃得放心，土特产更需要在良好的自然生态环境下栽培，而且电子商务带来的物流产业、金融产业等也是具有良好生态环境的产业。

3. 电商扶贫的农民工就业功能

电子商务在农村开展，不仅使大量本地农民就地就业，而且还吸引城镇农民工回乡创业或就业。以淘宝村为例，2018年10月27日，在第六届中国淘宝村高峰论坛上，阿里研究院发布了《中国淘宝村研究报告（2018）》。报告显示，2018年全国淘宝村达3 202个、淘宝镇达363个。淘宝村蓬勃发展，成为乡村振兴的先行者。在淘宝村，电子商务促进产业兴旺、支持创业、带动就业。阿里研究院数据显示，2018年，全国淘宝村网店年销售额超过2 200亿元，在全国农村网络零售额占比超过10%，活跃网店数超过66万个，带动就业机会数量超过180万个。淘宝村分布在全国330多个县区，这些县区总人口超过2亿人。淘宝村可以带动周边村镇，进一步促进本地产业发展、企业转型、吸引人才返乡，促进居民收入增长，多样化的经济社会价值日益显著。第六届中国淘宝村高峰论坛主办地江苏睢宁就是典型样本。在睢宁，家具是支柱产业，电商成为村民增收第一动力。全县约三分之一劳动人口从事电商。2017年该县电商销售额达216亿元，农民人均收入超过50%的增量来自电商。这些是睢宁电商十二年持续、快速发展的硕果。2006年，孙寒、陈雷、夏凯"沙集三剑客"开始电商创业，带动成百上千村民共同创业。2009年，沙集镇东风村成为全国第一批淘宝村。2016年沙集镇成为全国第一个"所有村都是淘宝村"的镇。2018年睢宁县的淘宝村达到92个，成为江苏省第一大淘宝村集群、全国首个"所有乡镇都有淘宝村"的县。全县10个淘宝镇，覆盖超过一半乡镇，其中沙集镇、高作镇的所有行政村都是淘宝村。中国电商扶贫联盟数据显示，2019年其成员单位对接帮扶及销售贫困地区农产品逾28亿元，覆盖22个省（自治区、直辖市）478个贫困县842家企业，带动农户8万户，其中建档立卡贫困户超5.6万户。以刚刚获得全国脱贫攻坚奖"组织创新奖"的拼多多为例，2019年，该平台年成交额突破万亿元大关，其中，农（副）产品成交额达1 364亿元。可以说，借助新技术的发展，"互联网+"电商扶贫正在走出一条新路，对长效扶贫起到持续性作用。农村电子商务还能实现特殊群体就业。例如，浙江缙云县北山村残疾青年吕林有，患有肌肉萎缩症，终日与轮椅相伴，曾一度丧失生活信心；后顽强自学电脑知识，靠从事电子商务撑起自强不息的人生。

2020年是决胜全面建成小康社会、决战脱贫攻坚之年。党的十八大以来，党中央把脱贫攻坚作为全面建成小康社会的底线任务和标志性指标，集中精力打好精准脱贫攻坚战，我国脱贫攻坚战已取得胜利。要认识到的是，脱贫工作艰苦卓绝，守住脱贫成果、确保脱贫群众不返贫，也不容易。其中，充分发挥电商扶贫的持续性作用，具有格外重要的意义。在全国，电子商务带来的相关产业发展，将使数以万计的农民工就业。随着国家《关于支持农民工等人员返乡创业的意见》的实施，电子商务将会帮助农民工，出现空前良好的就业局面。

电商平台之所以能够对长效扶贫起到持续性作用，主要有以下两个原因：一是其技术特性和商业模式。质量不稳定、难以标准化、产销信息不对称是农产品销售难的主要原因；而电商平台基于贫困地区小农经济的生产特点，通过大数据、云计算和分布式人工智能技术，将消费端分散、不确定的需求，归集成集中、确定的需求，推动产地直发，帮助小农户直连全国大市场。二是其有着内在的激励机制和市场基础。经过多年努力，多家电商平台已构建起贯通产、供、销的完整的服务体系，投入巨额资金打造软硬件设施，形成强大合力。

电商平台搭起了农村"致富桥"，也为脱贫攻坚按下"加速键"。未来，要更好地发挥电商平台对长效扶贫的持续性作用，就要继续加强各级政府、电商平台、农户、相关企业或中介机构的联通与合作。近年来，各地特别是中西部广大地区大力推进交通、电力、通信等基础设施建设，为电商平台进军贫困地区创造了良好的条件，政府相关部门也与电商平台建立了密切的对口合作关系。当前和今后一个时期，我们要继续整合政府、企业、平台、媒体等各方资源，形成更大的合力，从而形成可持续增收，巩固脱贫成果。

发挥电商平台对长效扶贫的持续性作用，还要有人才支撑。近年来，多家电商平台举办内容丰富、形式多样的培训班，大力培养"新农民"。他们的带头示范作用，有助于欠发达地区群众增强通过自身技能脱贫的信心，变"输血式"扶贫为"造血式"扶贫。未来，既要继续有计划地对农户进行电商培训，帮助他们提升互联网技能；还要考虑加大引才力度，通过选调生、挂职、志愿服务等方式吸引更多年轻人到贫困地区锻炼成长，在乡村培养懂生产、重品牌、善销售的复合型电商人才。

"脱贫摘帽不是终点，而是新生活、新奋斗的起点。"脱贫攻坚战取得胜利后，我国的扶贫重点已从绝对贫困转向相对贫困，这一任务更为复杂。我们要用好互联网这个最大增量，加快推进电商这一新兴业态在农村扎根，为推进全面脱贫与乡村振兴有效衔接注入源源不断的动力。

第三节 创业者个人绩效及其影响因素分析

一、创业农民工类型

创业农民工主要分为返乡和本地两种。我国城市人口所占比例越来越大，而农村居民持续外流。产生这一问题的主要原因是，世界经济危机发生后，许多用人单位改变了生产管理模式，降低了劳动力的数量。除此之外，我国农民工返乡概率本身是比较高的。西北区域内的农村经济发展比较缓慢，其农村居民进城务工是经济发展所需。随着社会的不断发展，城市经济结构出现了一定的改变，农民工在城市就业的概率降低，而许多乡镇、农村改善了基础设施状况，这是我国西北区域农民工返乡的主要原因。

为了进一步改善返乡农民工的创业环境，促进农村经济社会发展，在将今后政策的实施方向划分为"改善、加强、重点强化"三类的基础之上，我们应主要从以下几个方面着手：

（1）在政策上，要优先实施财税、金融、用地、基础设施、绿色通道以及信息咨询服务六个方面的对农民工返乡创业尤为重要的政策。

（2）就扶持政策整体而言，应重点强化扶持政策的宣传工作，并着力提高政策的覆盖面，降低创业者利用政策的难度。

（3）就具体政策而言，我们应该从以下几个方面着手：重点强化用工、技术和产业政策的宣传；要重视提高金融、用工以及产业政策的覆盖率；应大力提高金融、技术和用地政策的落实力度。不管是在哪一个发展阶段，县外的农民工比例都是比较高的，从中可以看出，县城农民的发展机会主要是当地通过附近的资源推动一些小企业的发展。

政府对返乡创业的农民工的支持是一个分阶段推进的动态过程。在这个过程中，政府和农民工创业的直接受益者要参与并共同推动"自上而下"和"自下而上"的制度演进，相互认可和相互促进。然而，许多农村家庭的收入还是来源于农业，并且我国西部区域还有很多留守儿童以及老人存在。这对于我国扶贫工作的开展产生了较大影响。

农民工向电子商务的回归能够很好地处理该问题。返乡创业的所有青年农民工能够更好地陪伴家人，照顾家庭，也能够很好地处理农村的现存问题，推动农村社会不断发展。同时，随着"互联网+"战略的深入推进，中国农村电商蓬勃发展，并与返乡创业碰撞融合，激发、带动了大批劳动者创业就业，激活了县域经济，促进了增收致富。

二、电商创业者个人绩效影响因素实证分析

农村社区不同于城市社区，在选择卖方时，农民不仅要考虑商品的价格和质量等属性，而且要考虑与卖方的距离关系和人际信任等因素，后者甚至超过商品本身的属性。农村社区之间的联系比某一农村社区与当地企业家的联系弱。长期固定住所和相对长期的社会活动使企业家和其所服务的居民更容易产生相互信任的基础，从而建立相对稳定和长期的合作关系。此外，长期稳定的关系使当地企业家能够更清楚地了解当地居民的偏好和需求。

企业家的收入是服务对象在网上购买的产品总额的一定比例，所以服务对象在网上购买的不同类型的产品会使不同企业家的收入有很大的不同。比如，矿泉水价格以及洗衣机价格就存在一定的差异，销售者所获得的收入也是不同的。

企业家的身份、个人特征、家庭状况、工作经验、商业地位、商业动机和工作努力程度对他们的经营业绩有显著影响。返乡的电子商务企业家能够很好地对偏远区域内的农村居民产品的购买，以及发展现代消费观念、促进农村相关产业发展进程等做出贡献。同时，他们为返乡农民工增加收入和实现自我发展提供了新的渠道。然而，由于西部农村地区电子商务分布少、发展缓慢、社会网络固定等，短期内返乡的电子商务企业家的收入略低于当地其他企业家，但仍有可观的前景。与一般电商相比，返乡电商主要具有以下优势：

（1）社交网络可以重建和恢复。在农民工社会网络的扩展和重构中，基于血缘和家乡认同的社会网络的力量是动态的。大量文献表明，农民的社会网络关系是可以重建和维护的。基于血缘关系以及地理和社会网络关系，返乡农民工的原居住地的社交网络可以迅速重建，使他们能够创业。返乡电商与当地农村居民建立牢固的联系只是时间问题。

（2）年轻人和受过高等教育的人是在本国创业的主要群体。年轻人有很高的创业热情和很强的学习能力。他们可以在尽可能短的时间内完成与电子商务创业相关的所有知识的学习和应用。同时，受过高等教育的人在接收和处理信息方面有优势。这使返乡的企业家能够从现有的电子商务案例中得到启示，并产生额外收入空间。例如，"套利"的主要形式是以低价或促销方式购买大量商品，然后以高价出售。电子商务企业家的日常任务之一就是在电子商务平台上收集、整理和发布各种优惠信息，这使他们成为大量优惠信息资源的第一接收者，并使套利成为可能。此外，作为电子商务平台的合作者，若发生退

货，电子商务企业家在平台上购买产品所产生的物流和运输成本由电子商务平台承担，这无疑增加了电子商务企业家套利和增加收入的议价筹码。

例如，大学生返乡创业初期，人脉不广，如何利用现有资源获得更多财富是个大问题，而农村电商就是一个很好的解决办法。一些农民虽然也使用互联网，但是大多局限于购物与娱乐，利用网络营销产品的意识比较薄弱。所以创业者可以引导农民转变这种保守的态度，接受新事物。现阶段，人们生活水平越来越高，也更关注自己吃得是否健康。大学生创业者首先可以利用网络媒体为当地的绿色食品做宣传，扩大品牌知名度；其次，可以建立属于自己的电子商务平台，将产品信息公开化，让消费者看到食物来源。除此之外，大学生创业者还可入驻其他的电商平台，例如淘宝、京东、阿里巴巴等，将农产品直接销售给顾客，而不像传统交易方式一样：农民把农产品卖给中间商，只能获取微薄的利润。线上销售规避了传统交易方式利润低、信息不透明等缺点，是一种高效率、高回报、较安全的营销方式。同时，创业者要寻找可信赖的物流公司，将农产品安全交付给消费者，达成长期合作协议后，运输成本也会相应降低。所以创业者一定要抓住农村电商机遇，跟进时代潮流。

（3）返乡创业者具备更多尖端的生产经营理念和管理方法。通过外出工作，返乡创业者往往积累了先进的技术、理念和更加开放的营销方式。创业者可将这些新概念和新技术与当地实际相结合。新概念和新技术成为他们创业的知识储备。

（4）返乡创业者具有很强的心理素质和机会感知能力。一般来说，与本地工作相比，选择在外地工作可能面临更高的机会成本。在这种压力下，农民工要行使他们抵御压力和承担风险的能力。他们的冒险精神和预测未来的能力将在未来的创业工作中发挥重要作用。

例如，胡新华是安吉县青年企业家协会理事，也是一名返乡创业青年。他大学时期便在网络上销售郭吴竹扇，且小有名气。他于2008年远赴德国求学，毕业后毅然决然归国创业，将传统手工制扇与潮流文化结合，将郭吴竹扇推向世界。如今，他创办的六合工艺品有限公司产值超1 000多万元。

郭吴镇是"中国竹扇之乡"，北宋末年，出入文人墨客怀袖间的郭吴竹扇在这里诞生。如今，这个沉睡在山野竹林间的古镇，不仅是全国最大的竹扇出产地，还成为日本、韩国最大的竹扇供应区。凭借着艺术大师吴昌硕故里这一独特的文化底蕴，郭吴出现了一大批具有浓郁书画艺术特色的制扇企业，六合工艺品有限公司就是其中之一。

在做了充分的市场调研之后，胡新华坚定地相信，竹扇在亚洲拥有巨大的市场潜力，且市场存在品牌上的空白。大学毕业后他便毅然决定回国，创办了六合工艺品有限公司。郭吴当地擅长制作扇子的手工老技师有很多，在胡新华的带动下，他们纷纷加入胡新华的公司。胡新华表示，带动农民致富是企业创立和发展的宗旨，让更多的家乡父老脱贫致富是他的初衷。在未来，胡新华还想打造一个以工业旅游为核心，以文化体验为重点，融入电商因素的商业模式。

第四节　农民工返乡进行电商创业的对策建议

一、农村电子商务发展现状

近年来，随着移动互联网的逐渐普及以及电商平台的不断下沉，农村电商市场愈发活跃，在便利农民消费的同时也带来了新的创收渠道，同时也为农村产业兴旺带来契机。到 2020 年 12 月，我国农村网民较 2020 年 3 月增长了 5 471 万，网民规模达到 3.09 亿，占网民整体的 31.3%。从普及率来看，我国农村地区互联网普及率为 55.9%，较 2020 年 3 月提升 9.7 个百分点，城乡地区互联网普及率差异较 2020 年 3 月缩小 6.4 个百分点[①]。

电子商务作为一种线上交易模式，有利于打破时空对信息的限制，缩短产品市场与消费市场之间的距离。近年来我国电子商务市场规模持续增长，稳居全球网络零售市场首位。2020 年年底，我国网络零售交易额达到了 117 601 亿元。

随着越来越多农村居民开始选择电子商务作为创业的方向，我国县域电商逐渐进入高质量发展阶段。2019 年我国县域网络零售额达 30 961.6 亿元，同比增长 23.5%，其增速相较 2019 年全国网络零售额要高出 7 个百分点。从区域分布看，我国县域电商发展不平衡。数据显示，2019 年，华东地区网络零售额为 18 710.4 亿元，占比 60.4%；华南地区紧随其后，网络零售额占比约为 18.6%；东北地区、西北地区发展滞后，网络零售额合计占比仅为 1.8%。从增长情况看，中西部地区县域电商高速发展，西北和华北地区的网络零售额增速最快，同比增长率为 47.3% 和 45.6%；西南地区和西北地区的网络零售量增速远高于其他地区，同比增长了 66.7% 和 62.7%。

---

① 数据来源于华经产业研究院发布的《2021—2026 年中国农村电子商务市场供需现状及投资战略研究报告》。

二、农民工返乡进行电商创业中存在的问题

近年来，越来越多的农民工群体返乡创业，对统筹城乡经济社会发展、建设社会主义新农村具有重大意义。然而，由于目前农民工返乡创业尚处于自发、起步阶段，创业难度大，持续发展不易，在创业过程中仍然存在许多困难和问题，需要我们高度重视。

（一）基础设施不完善

在农村地区，交通、物流、用水、用电、通信等基础设施不完善，造成农民工返乡创业面临产品销售渠道不畅、交易周期延长等问题，致使农民工返乡创业的投入成本大幅上升，一定程度上影响了农民工返乡创业的积极性。

（二）资金配套不完善

农民工返乡创业已呈现普遍化趋势，但对于返乡创业的农民工来说，资金支持是最为关键的环节。目前农民工创业资金仍然以自身积蓄和亲戚朋友借款为主，银行贷款只占很小的一部分。其创业企业普遍面临极大的资金缺口，导致生产设备、原材料等物资的匮乏。

（三）农民工创业素质缺乏

目前，返乡创业农民工多为高中以下学历水平，文化水平不高，制约了创业农民工的学习能力，影响其对新生事物的接受速度和能力；而且返乡创业农民工技术资源匮乏，大多数没有独特优势。其创业企业的生产仅为作坊式生产，产品同质化问题严重，缺乏竞争力，低水平重复投资导致相关市场过度饱和，很难获得额外利润。大多数返乡创业农民工缺乏科学管理经验和企业营销知识，雇用的员工多为当地农民，员工整体素质偏低，企业管理层多为亲戚朋友，这些会影响企业的生存与发展。

三、农民工电商创业问题的相应解决策略

（一）形成综合创业平台

当前群众创新创业、土地流转等缺少综合创业平台，尤其是土地流转目前局限性严重，缺少相应的综合流转平台，不利于实现跨地域的大规模土地流转。笔者建议各地建设综合服务平台，帮助返乡创业农民工进行综合评价，对意向项目进行整合，实现科学创业。

（二）建设信息服务平台

目前，基层创业信息相对闭塞，有关部门应牵头成立信息服务平台，定期发布创业项目、创业信息，实现信息共享。同时，应整合有关部门创业优惠政

策，实现一站式办理，为创业制造条件。

（三）完善基层基础设施

电商、微商已经成为群众创业的热门行业，但是很多地方在网络、通信等设施建设上仍然有所欠缺。上级部门应借助城镇化建设的契机，出台有关政策向基层网络、通信建设上倾斜，完善其软件建设。过去有句"要致富先修路"的俗语，因此基础设施建设是贫困地区重要的民生保障，也是发展产业的先决条件，更是扶贫工作的前提基础。

针对国家级贫困县一般地处偏远、信息化基础薄弱、交通物流不畅、农副产品和特色商品销售较为困难的状况，我们要加强对贫困县基础设施建设的支持。政府对在贫困县建立物流基地等基础设施的电商企业要给予配套支持，特别是要重点支持冷链物流等与农副产品销售息息相关的特色基础设施的建设。同时，广大电商企业也要积极履行社会责任，将更多资金和资源投入贫困县基础设施建设中，从基础上提高贫困县的经济发展能力。

（四）开展多元化培训

目前的传统技术培训已经不能满足群众需求，应增加对电子商务、互联网、云数据应用、市场营销等新兴行业和技术的培训，让培训更加与时俱进，服务群众创业。我们应该优化创业技能培训服务，提升新型农业经营主体创业创新能力，具体措施如下：

（1）发展农村双创教育培训，加大农民工职业技能培训力度。这就要求相关部门充分结合社会资源，增加培训资金投入，依托普通高校、职业院校、优质培训机构、公共职业技能培训平台开展农民工职业技能培训。

（2）拓展培训方式，创新培训模式，运用培训机构面授、远程网络互动、实地技术指导等多种方式，特别需要优先保障贫困地区贫困农户的远程就业技能培训。

（3）注重培训质量，增加培训师资力量，组建专业化的培训团队。

（4）结合产业结构和产业技能需求，对农民工创业过程中遇到的新问题进行调查、研究，以增强农民的创业意识为目的，采取集中培训的方式讲授创业政策、创业信息、创业技巧、创业典型，强化理论与实践的结合。

（五）适度放宽资金政策

创业启动资金仍然是困扰创业者的最大难题。银行部门对于群众创业的贷款政策仍然不够，政府部门应将为基层群众创业放贷的多少作为银行部门的有关考核标准，鼓励银行部门向创业者放贷，让政策真正落到实处，为创业者提供资金。具体措施如下：

（1）改善营商环境，降低公共服务类、生产资料类和资源使用类费用，保障电力的持续不间断供给。

（2）增加财政和信贷支持力度，降低创业门槛。通过设立专项资金、出台减税降费政策、简化经办手续等手段来给返乡创业的农民工提供支持。

（3）发挥"互联网+创业服务"的优势，提高返乡创业效率。充分利用互联网平台，积极推送相关创业信息，促进物质要素和信息要素流动，强化创业农民工对创业信息资源的获取；搭建产学研一体化平台，促进高校、研发机构与企业共享创新资源与成果。

第六章　农村大学生返乡创业的融资理论、影响因素与融资策略

第一节　农村大学生返乡创业融资理论基础

一、相关问题分析与概念界定

（一）农村大学生返乡创业特点分析

1. 风险性分析

就创业而言，这是一个变化的过程，而且会受到各种因素的影响。在创业过程中，许多因素都会发生重大变化，这是结果不确定性上升的主要原因，也是促进企业家精神发展的原因。随着经济的不断发展，大学生创业的压力越来越大，这要求大学生创业的风险意识越来越强，并第一时间化解各种风险。农村大学生返乡创业也是如此。

2. 创新性分析

大学生创业的特点主要是追求创新。创业者开启自己的事业时处于创业的兴奋期，因此需要清醒一点，认识到创业过程隐藏着风险。企业家面临的风险类型多种多样，不因个人主观意愿而转移。只要创业者做出适当的反应，就能提前预见一些风险，将损失降到最低。为此，创业者必须强化风险意识，做好风险防范，做好心理准备。中国长期存在的城乡二元结构使城市成为人才的聚集地，而农村则成为人才的"洼地"，这使城市和非农产业不仅仅成为剩余劳动力的聚集地，更是欠发达地区的农村劳动力的聚集地。缺乏人才是大多数乡村发展经济的阻碍。

创业的形式很重要，大学生创业要善于抓住机遇，强化创新，这是实现创业目标的主要途径之一。创新活动的开展，可以使创业者获取资源的能力不断

增强，创造的经济价值不断提升。事实上，有分析表明，创新本身就是一种资源。初创企业首先要选择好的创业项目，明确业务范围。返乡的大学生创业者选择项目时要结合城市、家乡的实际情况。一般而言，在市区筛选项目难度很大，不如考虑将项目与家乡经济、工业、资源环境结合起来。和企业的发展一样，大学生创业中创新活动的开展也十分重要，大学生创业也可以促进创新观念的转变，增加就业机会，促进社会经济的发展。当前，我国的重大任务包括加快建设创新型国家。随着现代化的发展，创新已成为组织和个人发展的重要条件。因此，我们应大力鼓励创新活动，并优化创业环境。

3. 区域性分析

大学生的创业活动很多是在家乡开展的，因为各地差异很大，所以大学生的创业行为特征也是不同的。如今，各种各样的信息充斥着每个角落，许多人会根据这些信息选择项目。因此，返乡创业的大学生要重视信息，做好分析。如果没有对现有用户进行实地调查，他们就不能轻易投资。他们还要考虑是否有必要从当地市场监督管理部门了解情况。他们要考虑创业项目的成熟度，是否有设备，是否能立即生产和销售；该项目在全国有多少实施者，以及那些人做得有多好。所以，对创业企业所处区域环境的研究有助于大学生创业活动的开展，他们可以结合区域特点判断创业项目应在什么阶段开展，并考虑该地区政策的影响。

（二）融资的概念

大多数人对"租赁"并不陌生，譬如房屋租赁、汽车租赁等，但这些通常不会发生所有权转移，可归入传统租赁。融资租赁则是现代租赁业的代表，本质上属于一种与银行信贷、保险并列的金融手段。它是在分期付款的基础上，引入出租服务中所有权和使用权分离的特性，租赁结束后将所有权转移给承租人的现代营销方式。融资租赁完成后，承租人不用立即支付所需机器设备的全部价款，并可利用租赁物所产生的利润支付租金。

从狭义上讲，融资就是一个企业的资金筹集的行为与过程。也就是说，融资是公司根据自身的生产经营状况、资金拥有的状况，以及公司未来经营发展的需要，通过科学预测和决策，采用一定的方式，从一定的渠道向公司的投资者和债权人筹集资金，以满足公司正常生产需要、经营管理活动需要的理财行为。公司筹集资金应该遵循一定的原则，通过一定的渠道和一定的方式去进行。我们通常讲，企业筹集资金无非有三大目的：企业要扩张、企业要还债以及混合动机（扩张与还债混合在一起的动机）。

从广义上讲，融资也叫金融，即货币资金的融通，是当事人通过各种方式到金融市场上筹措资金的行为。从现代经济发展的状况看，当今，企业需要比以往任何时候都更深刻、全面地了解金融知识、金融机构、金融市场，因为企业的发展离不开金融的支持，企业必须与之打交道。

二、主要理论依据

（一）创业理论

企业家精神诞生于 18 世纪的法国。学界对创业精神的研究一直在进行，目前的创业理论研究不但站在宏观角度上进行分析，同时，还从微观角度上分析现有企业家具有的一些行为特征。例如，德鲁克所著的《创新和创业的精神》就是对企业家精神在经济发展过程中产生的影响的一种说明。创业其实就是一种具有复杂性的社会现象，受不同因素的影响以及制约。常常有不同形式的创业模式产生。学术界有人认为，创业其实就是具有组织性的一种管理，需要对产业链当中存在的不同要素的联系进行分析。

（二）创业融资的影响因素

现阶段，世界上很多国家在创业方面的研究力度逐渐加大，许多研究人员从创业融资的影响因素进行分析。例如，王澍在《创业企业融资结构的影响因素分析——基于 28 家创业板上市公司的实证研究》中，选取部分创业企业2013—2018 年的财务面板数据，利用固定效应回归模型，对影响其融资结构的主要因素进行了实证分析。他认为，创业板上市公司的企业规模、运营能力与其债务融资正向相关，盈利能力、偿债能力与其债务融资负向相关。创业板市场不合理的融资结构是导致创业企业"融资难、融资贵"困境的主要原因。总体上说，创业融资的影响因素主要有以下两点：

1. 创业人员的因素

对于创业企业来说，人才非常重要。创业者在选择创业团队成员时，可以从以下三个方面考虑：

（1）不懂得与他人和谐相处的能人要有选择性地任用。创业团队需要有才能的人，这是毋庸置疑的，但是并不是所有具备才能的人都适合创业团队。

（2）不诚信之人不用。人无诚信无以在世上立足。企业的诚信体现在每位员工的身上，不诚信的员工很可能损害企业的利益和声誉。因此，对于不诚信的人，企业要坚决不予录用。

（3）不懂得合作的能人要慎用。创业团队需要的是能够与其他人融洽合作的人才。对于不懂得合作的人，企业要慎用，因为不知道哪天他会做出对整个团队不利的事情，严重影响企业的发展。

2. 政府的政策因素

目前，政府主导的创新创业投资分成两类：第一类是政府对创新创业项目的直接补贴，其中最主要的项目是从 1999 年开始的科技型中小企业的创新基金项目（创新基金），是政府主导的。创新基金的主要操作是，由中央政府和地方政府同时对一些种子期、初创期企业的技术创新项目提供直接的政府补贴或者是贴息贷款作为初期资助，并以此"引导社会资金和其他创新资源支持科技型中小企业发展"。第二类是政府引导基金项目，2000 年开始试行，2008 年开始推行，并在最近两年得到中央政府的大力推动。简而言之，政府引导基金就是政府投入引导资金，把这部分引导资金投到创业投资公司，也就是通常说的风险投资公司，然后通过风险投资机构进一步吸引社会资本再对中小企业投资，这是一种先由政府引导、再发挥市场作用的投资方式。

（三）创业融资渠道

就返乡创业的所有大学生而言，创业融资渠道主要有三个：一是银行贷款，二是农业保险，三是政策补贴。返乡大学生创业应把握好当前有利形势，通过自己的信用优势，想方设法从银行贷款；此外，要熟识各种补贴政策，争取项目资金支持等。

大学生返乡创业的项目众多，这里我们以农业为例，对融资渠道进行具体说明。

从目前的农业发展趋势来说，大学生将是农村经济发展的最为重要的力量。因为，他们对政策最为熟悉，对经济发展最有想法，对新的技术最感兴趣。相比返乡农民工和村里的能人，他们学识高、思维理性，是新农村建设的重要骨干力量。他们当中很大一部分都怀有个人理想，想在农村的广大天地中实现自己的抱负，既帮助农村改变落后局面，也在干事创业中实现个人价值。但是，就目前来看，刚毕业的大学生，社会资源有限，工作经验尚浅，缺乏实现创业的一些基础条件。此时，如果国家的相关政策能更多惠及返乡大学生，给他们提供一些诸如资金、技术和组织方面的支持，使广大农村成为创业孵化的工场，那么出现一些创业成功的返乡大学生将指日可待。

从具体渠道方面，政府对大学生返乡创业应该主要在以下三个方面着力：

第一，以大学生村官工资为信用担保，加大对大学生村官放贷的额度，并加大贷款向农村释放。同时，要想充分发挥农村贷款项目的作用，应该实施"锁短放长"策略。在担保方面，加快土地流转，并将土地经营权作为抵押物，进行低利息贷款。对于大学生村官抱团创业，可以增加贷款额度，享受利息方面优惠政策。

第二，在农村项目保险方面，加大保险额度。养殖业和基础设施，应该成为保险投放的重点。值得一提的是政策性农业保险，它以保险公司市场化经营为依托，政府通过保费补贴等政策扶持，对大学生村官创业涉及的种养殖业因遭受自然灾害和意外事故造成的经济损失，提供直接的物化成本保险。因此，这可以创新政府救灾方式，提高财政资金使用效率、分散农业风险，促进农民收入可持续增长，这也是为世贸组织所允许的支持农业发展的"绿箱"政策。同时，政府应推行担保政策，允许提供担保的企业在农民贷款盈利时，得到一些分红。

第三，针对农业项目，可以试行农村项目孵化器。资金方面，一部分为政府出资，另一部分为银行贷款，对有潜力的农业小微项目进行初期支持。在某些发达地区，应该将农村创业重点项目纳入发展规划。

第二节　农村大学生返乡创业融资影响因素实证

一、对返乡创业大学生的访谈

因为样本量具有一定的局限性，本次研究主要对 30 名近三年开始创业的学生开展了调查。在和他们进行有针对性的交流过程中，我们能够充分分析其创业历程。

（一）《返乡创业者大学生访谈提纲》

此次面对访谈对象所使用的访谈提纲如表 6-1 所示。

表 6-1　《返乡创业大学生访谈提纲》

项目	问题	问题的目的及背后的假设
基本情况	1. 您毕业于哪所高校？ 2. 您在什么时候想开始创业？什么时候开始创业？ 3. 为什么选择在此地创业？	对被访者的基本信息进行了解。其中包括如下假设： 1. 学校类型与创业意愿存在一定相关性 2. 创业首选地为户籍地
公司情况	4. 您公司的所属行业及主营业务 5. 创立之初的规模，目前的规模	了解其创业模式

表6-1(续)

项目	问题	问题的目的及背后的假设
创业融资情况	6. 创立初期遇到的最大问题是什么？ 7. 是否考虑过向银行贷款？	对有创业意向的被访者预期的创业融资情况和融资渠道的调查。包括以下假设： 1. 大学生返乡创业初期最大困难是资金 2. 自身存款以外，银行小额贷款是创业者最大的选择 3. 良好的家庭经济情况可以为创业者提供一定资金支持
高校支持情况	8. 学校是否组织过创业融资方面的培训，您是否参加过此类培训？ 9. 当时学校是否有创业基金？	调查高校在帮助和促进大学生创业融资方面所做的工作，假设如下： 1. 高校创业教育体系不够完善 2. 高校缺乏系统的创业融资服务 3. 高校在促进创业的体系中应该扮演更重要的角色
政府层面支持情况	10. 政府对企业是否提供过帮助？ 11. 政府现行的帮扶政策是否到位？	了解政府对创业者的帮扶力度、其工作是否到位
金融机构支持情况	12. 申请贷款的批复时间是否对公司的运营产生影响？ 13. 贷款的金额是否满足需求？ 14. 是否寻找过其他资金渠道？	了解银行、小贷公司对创业企业的态度
开放性问题	15. 您觉得大学生创业应具备哪些素质？ 16. 对即将毕业准备创业的大学生有什么建议？	了解创业者自身素质是否应该提高以及对融资困境的合理化建议

（二）对访谈结果的分析

1. 将户籍所在地作为创业基地

根据对30名大学生创业者的采访可知，其中一共有26名创业者属于当地户籍居民。受访人员所给予的反馈表明，他们受到影响最多的是父母和亲戚等。因此，总体上大学生愿意回到自己的家乡创业。

2. 返乡创业选择门槛较低的小微企业

大学生返乡创业主要选择的是一些传统行业。研究中，有7名学生从事零售及批发行业，7名学生从事餐饮行业，5名学生从事的是教育咨询行业（如表6-2所示）。

表 6-2　所属行业调查

所属行业	零售及批发	教育咨询	餐饮	电子及 IT	科技发展	中介服务
人数/人	7	5	7	5	2	4
所占比例/%	23.33	16.66	23.33	6.66	6.66	13.33

3. 创业瓶颈的分析

我们从访谈中得知，大学生刚开始创业的时候面临的主要问题是融资方面的难题。受访人员说，在刚开始创业的时候需要的资金远远大于自身的积蓄，且很难获得银行贷款。所以，资金问题就是最大的问题。一般而言，创业资金大多是通过自筹的方式得来的，具体如表 6-3 所示。

表 6-3　融资渠道调查

创业期间资金受限时的融资途径（可多选）	人数/人
银行贷款	30
亲友资助	15
风险投资	5
民间借贷	22

除了向银行、小额贷款公司和其他金融机构申请贷款，一些返乡创业的大学生还寻求风险投资的帮助。然而，我们从访谈中了解到，风险投资通常喜欢投资高科技和与创新相关的项目。大学毕业生往往很难赢得风险投资者的青睐，因为他们的项目不能满足风险投资者的要求。

二、对毕业大学生的问卷调查

问卷调查主要针对济南市的五所高校开展。我们一共发放了 250 份问卷，并且做到了整体性收回。其中，一共 242 份问卷有效。

（一）创业领域及资金规模

大学生创业者对传统行业比较青睐。很多大学生创业者都比较喜欢小型餐饮以及零售领域，因其具有投资低和周转快的特点。同时，这些行业在管理的模式上也是非常简单的，比较适合资金不充足的创业者（如表 6-4 所示）。

表 6-4 大学生创业所选领域调查结果

创业行业	零售及批发	教育咨询	餐饮	电子及 IT	科技发展	制造	其他
人数/人	13	6	19	4	2	4	23
所占比例/%	18.31	8.45	26.76	5.63	2.82	5.63	32.39

分析问卷调查中大学生创业者的资金规模，可发现大学生创业者的资金规模大多数小于 15 万元。从企业规模的角度分析，很多大学生初创企业和小微企业是比较相符的，具体情况如表 6-5 所示。

表 6-5 大学生创业资金规模调查结果

金额/元	1 万~5 万	5 万以上~15 万	15 万以上~30 万	30 万以上
人数/人	12	37	16	6
所占比例/%	16.90	52.11	22.54	8.45

（二）融资意向

从大学生创业的融资渠道分析，一般来说大学生创业选择的资金来源主要是个人存款以及银行贷款等，具体数据如表 6-6 所示。在贷款类型中，大学生创业者比较喜欢从银行贷款、政府或校园创业基金中选择。

表 6-6 创业融资主要渠道

如果创业，预计启动资金来源（可多选）	
个人存款	65 人次
银行贷款	43 人次
政府或校园创业基金	36 人次
亲友资助	29 人次
风险投资	5 人次
民间借贷	1 人次

三、大学生返乡创业融资影响因素分析

（一）政府方面的影响

现阶段，就业形势越来越严峻，要响应国家所提出的解决就业问题的政策号召，就要积极地鼓励大学生进行自主创业。政府对大学生返乡创业融资的影响主要表现在以下几点：

1. 受到户籍地的局限

大学生申请创业基金一般都是在户籍地进行的，由当地主管部门负责审核和审批，当不在户籍地申请时，审批比较难通过。同时，因为户籍因素的影响，不同的地方，政府所给予的补贴还是存在很大差异的。

2. 固定营业场所

目前，我国要求返乡创业项目必须有固定的经营场所。对于大学生来说，创业风险比较大，因为其在向政府申请贷款的过程中，必须有固定的营业场所，而他们创办的大多数企业都在起步阶段，很难满足贷款的要求。对于拥有固定的经营场所的返乡创业者，且完成工商、税务登记，稳定经营6个月以上的，政府部门会一次性给予创业者5 000元的创业补贴，以及提供各种创业指导。

（二）金融机构的影响

我国很多大学生在创业期间都没有找到太多的融资渠道，但他们需要多元化和专业化的融资渠道。这一群体刚开始创业的时候非常困难，主要原因在于没有抵押物，也难以得到银行贷款。因为返乡创业的大学生贷款具有很大的风险，同时利润非常低，大多数银行很难通过学生的贷款申请。除此之外，因为大学生创业者没有太多可供银行参考的征信信息，就算得到了银行贷款，金额也难以满足自身所需。

（三）高校的影响

从相关调查中可以看出，很多学生都没有受到过专业的创业教育，一些学生认为学校提供的创业支持并不符合自身所需，希望高等教育院校可以制定特别风险基金支持大学生创业。教学过程中，学生比较喜欢案例教学，因为其能够通过实际的事例让学生产生创业兴趣。

在高校层面，通过互构的理性和感性教学、集体共创、深入实践等，培养大学生返乡发展的内在动力。高校作为为国家发展培养和输送人才的重要阵地，在教育过程中应有意识地培养大学生返乡发展的情感动力，激励他们在毕业之后主动选择返乡就业创业，将个人职业发展与乡村建设紧密联系在一起，具体可以从以下几个方面入手。

第一，通过理性教学与感性教学的互构，培养有家国情怀的接班人。高等教育不仅要进行人才的"理性培养"，即在课堂上向学生传授专业知识和技能，将学生培养为理性的技术人，还要增强学生的责任感和使命感，培养他们成为有家国情怀的社会主义建设者和接班人。所以高校在教学过程中应增加感性教学，即将理论化知识通过学生的切身实践，转化为可真切感知、在情感上可以产生共鸣的内容，如可以将思想政治理论课的教学内容与学生自己的家乡相结合，鼓励学生：利用寒暑假时间，发掘家乡特色；深入乡村，发现困扰农民生活的真问题；拍一些家乡美景，唤起学生内心的故土情结等。学生只有通过自身体验收获感性认识，才会逐渐形成家国情怀，进而产生主动选择返乡发展的动力。

第二，在集体中寻找支点，培养"集体共创"意识。大学中的学生组织和社团是培养大学生集体共创意识的基地。一方面，组织和社团在每个集体组织的成员职能设置上，不容许有无职、无事、无责的成员存在，会根据个人优势分配相应任务，使学生在组织活动中既获得自我价值的充分实现，又可以收获"集体共创"的相互支持；另一方面，在每一次组织和社团的活动中，活动组织者应充分调动参与者的热情，有意识地营造"集体共创"的氛围，真正使每一个参与者收获"集体共创"的强大力量，进而促使大学生未来选择返乡发展之后，不会孤军奋战。

第三，深入实践，收获基层最真实的体验。学校可以每学年有计划、有组织地安排大学生进行乡村实践。将乡村生活的体验与乡村工作实践真正融入大学四年的学习生活中：一方面，可以满足城市大学生对乡村的好奇，同时消除部分同学对乡村的错误认知；另一方面，乡村实践有助于农村大学生发现乡村存在的问题以及可进一步开发的资源，进而搭建起个人发展与乡村振兴之间的桥梁，从而激发他们毕业选择返乡发展的热情。

第三节　农村大学生返乡创业融资策略

一、政府落实完善相关措施

（一）加强创业服务体系的构建和完善

降低大学生创业融资风险，改善大学生创业环境，推动大学生自主创业，是一个系统的工程，需要金融体制的改革，同时也需要政府政策上的扶持。当然，市场经济条件下，资金通常会流向能产生利益的地方。因此，大学生创业者应努力提高自身素质，做好创业前期的准备工作，审时度势，提高创业成功率，这样才能吸引更多的投资者。

政府要建立大学生创业服务体系，并加以完善；对即将进入创业阶段的部分大学生，则要提供一定的培训和指导。因此，政府要帮助大学生创业团队开通咨询热线和绿色通道，并组织创业团队开展各种交流活动。政府要使公共服务能够更好地为返乡创业的大学生服务，建立长效机制。此外，大学生创业者们还需要市场调查和项目探索等方面的互动，这样他们才能在第一时间掌握创业相关技能，推动创业活动的进行。为了更好地支持农村大学生返乡创业，我国政府还制定了一系列政策，如取消行政收费等，同时还在规定的期限内，给予大学生创业者税收减免。另外，地方政府也对高新技术企业给予贷款利息补贴。在创业过程中，这些优惠政策可以减轻农村大学生返乡创业的经济压力，提高其创办的企业的市场竞争力。

（二）构建融资服务平台

风险投资基金主要包括风险急救基金、投资指导基金、风险补助基金等。风险急救基金，创业者通常是在因资金不足而造成困难的情况下使用。投资指导基金的主要目标是鼓励企业家创业，促进企业自身技术含量的提高，解决创业初期的财务问题，特别是在创新类型和科技类型两个方面。风险补助型基金是以风险企业为对象的，不是针对大学生群体开展风险补助。因此，为了帮助农村大学生在返乡创业过程中应对创业风险，我们要建立相应的风险补助基金平台，开发出大量符合社会需求的创业项目，在此基础上，实现各方共赢。

我们要建立起联系政府、银行、大学等机构的纽带，加强微信等媒体平台的应用，才能帮助大学生创业人员全面了解创业融资的问题。

（三）降低融资门槛

相关部门要降低返乡大学生创业过程中的融资门槛，简化融资审批流程，提高创新性和便利性。同时，我们要强化执法和综合监管，对相关部门不作为和不规范行为，要制定有针对性的处罚措施。根据相关政策和实际管理措施，我们要帮助返乡大学生创业者制定切实可行的融资方式，落实大学生自主创业要求，防止出现空喊口号的现象。此外，相关部门还要组织专业人员对大学生创业融资活动进行全面监督、检查和评估，第一时间总结经验，推动相关问题的解决。相关部门也必须创造良好的融资环境，突破融资体制的障碍，促进返乡大学生创办的企业发展。

二、金融机构降低贷款门槛

（一）直接措施

大学生贷款也逐渐成为各大网络贷款公司开拓大学生客户群的主推服务。大学生自主创业、分期付款消费、教育培训等各方面的消费开支使大学生成为无固定收入的高消费人群，使他们对贷款服务有很强烈的需求。

1. 进一步提高信贷比重

加大高校毕业生自主创业贷款支持力度，对于能提供有效资产抵（质）押或优质客户担保的，金融机构可优先给予信贷支持。对高校毕业生创业贷款，可以高校毕业生为借款主体，由其家庭或直系亲属家庭成员凭稳定收入或有效资产提供相应的联合担保。对于资信良好、还款有保障的大学生，金融机构可在风险可控的基础上适当发放信用贷款。

2. 简化信贷的审批流程

金融机构简化贷款手续，合理确定授信贷款额度，使资金能在一定期限内周转使用。例如，针对大学生贷款审批中存在的问题，齐鲁银行减少了传统的烦琐的审批程序，提高了小微企业贷款的整体效率。在信贷业务过程中，齐鲁银行通过运用总行、分行的扁平化优势，结合决策环节少、反应快的特点，制定了相对规范的操作流程，实行快速审批制度，帮助大学生创业，增强其竞争优势，也推动了服务模式创新。

（二）金融机构发挥引导作用

金融机构应对创业贷款给予一定的优惠利率扶持，视贷款风险度的不同，在法定贷款利率基础上可适当下浮或少上浮。

银行有关人士曾表示，银行在追求资金收益性、流动性的同时，也要考虑其安全性。大学毕业生的创业贷款相对其他贷款，风险更高。大学生刚毕业，缺少社会工作经验，又没有合适的抵押物或担保，银行一般不会轻易贷款。大学生手头上有合适项目的，只是个别现象。作为企业，银行发放这种贷款，投入的成本和收益不成正比。事实上，大学生创业贷款难就难在无法提供有效资产作抵押或质押。目前已有多家银行开办了针对具有城镇常住户口或有效居留身份，年满18周岁的自然人的个人创业贷款。此类创业贷款要求个人采用存单质押贷款，或者房产抵押贷款以及担保贷款形式。

三、高校增强创业方面的引导和教育

培养大学生创新创业能力是缓解不断扩大的社会就业压力的需要。面对日趋严峻的就业形势，在大学生中开展创业教育，使大学生树立正确的职业理想和择业观念，形成创造性思维，提高综合素质和创业能力，对于大学生参与社会竞争，具有很强的现实意义。培养大学生创新创业能力是适应社会主义市场经济发展的需要。随着市场经济的发展，城乡产业结构会依据市场的不断变化进行相应调整，从而带来劳动力的转移和职业岗位的转换，而且还要求劳动力具备新技术、新工艺的实施能力以及新产品的开发和创造能力，也就是要求未

来的劳动者不仅要具备从业能力，还必须具备创新能力。因此，不断加强创新创业能力的培养正是适应了社会主义市场经济对人才培养方面的诸多要求，同时也能促进高等教育自身的改革与发展。

高校是人才培养的摇篮，培养和造就基础宽厚、富有创新精神、能够应付未来社会发展和挑战的人才，是各类高校在教育创新中担负的首要任务。大力培养大学生创新创业能力是建立高校创新体系的关键性环节和基础性内容，能有效地支持和推动国家创新体系的建立，对建设创新型国家会起到积极的作用。

（一）强化高等教育院校的创业教育

面对比较复杂的就业现状，高等教育院校应主动地强化大学生在自主创业方面的教育，帮助大学生营造一个比较好的创业环境。创造性人才的劳动不同于普通人的模仿和重复劳动，这种劳动是创造性的。创造性劳动是一种复杂的劳动，需要在以往经验和成就的基础上进行突破和创新。创造性工作通常需要更高的知识、经验、智力或能力，以及更高的成本。对于高等教育的创业教育要进行深化，创新毕业生的高素质教育形式，推动高校毕业生的全面发展。学校需要对传统的观念进行摒弃，并且注重大学生群体的就业、创业，还需要对就业、创业的计量标准进行构建。创业教育系统的构建以及完善是非常重要的，要将大学生创新创业的教育融入人才的培养计划当中，加强创业教育系统的优化，提高应用价值。高等教育院校需要创新教学方法，并对以往的教育方法进行改善，促进大学生参与性的提高；需要激发学生的学习兴趣；强化创新创业的实践课程，使大学生从校园当中走出去；通过多样化的创业活动的开展，提高创业教育的质量和效率。

（二）构建大学生创业的评价体系

因为大学生在创业初期并没有充足的社会经验，同时，创业项目没有明确的前景。返乡的大学生应根据当地劳动力的使用情况自主创业。返乡创业大学生是比较重要的一个群体，能够带动当地农村经济的发展，他们在当地利用农村剩余劳动力方面发挥着示范和主导作用，是当地利用农村剩余劳动力的骨干力量。返乡大学生群体吸收了一部分农村剩余劳动力，开始了自己的事业。

近年来，大学生创业现象越来越普遍，很多地方政府都出台政策支持大学生创业。在大学生创业浪潮中，也涌现了一些成功的大学生创业者，但他们依旧是极少数。如何构建大学生创业体系，提高大学生创业成功率，成为一个新的研究课题。目前，"互联网＋"、大数据等新兴技术的发展，全面推动了全国产业模式的改革和创新，同时也为大学生带来了更多的创业机遇与挑战。

构建"互联网+创业"大数据创业平台是支持大学生创业的有效手段。大学生大数据创业平台由应用系统和支撑系统两部分组成，应用系统可以实现创业相关信息发布、创业能力测试等功能；支撑系统由大数据分析系统、创新信息审核系统、培训系统、创业服务系统等组成，完成大数据分析和技术研发交流等主要功能。平台应具备以下功能和特征：

第一，保障信息安全。在当下的大数据时代，一个功能强大的就业创业平台，首先要确保网络技术安全、个人信息安全。

第二，建立创业保障机制。目前许多地方的政府加大了对大学毕业生的创业扶持政策，但大学生毕竟是缺少社会经验的创业新手，创业成功率比较低。政府需要加强对大学生创业风险保障机制的建设，以解决大学生创业过程中在投资和融资上所碰到的众多问题。

第三，整合多项功能。应用平台的运营模式需要多功能、多领域的信息集合，可将业务发展、专业技术模式、管理模式、政府信息模式进行有机衔接，做到创业信息发布及时化、技术支持精确化、审核评估权威化、创业合作安全化。

第四，具有专业的大数据分析系统。大数据分析系统可以向大学毕业生提供各种真实的就业创业信息、文理不同专业领域的就业创业趋势分析和就业创业成功率分析，为大学生就业创业指明方向。同时，大数据分析系统可提供专业需求数据分析和技术数据分析，为用人单位和政府部门提供精准的就业创业数据信息。

第五，便捷权威的信息服务。应用系统平台的信息服务要保证准确、精确、安全，平台信息注册要严格审核，对个人和企事业单位都要保证注册信息的真实性，确保发布信息的真实权威性，建立诚信档案，利用大数据精准构建创业体系。

大学生创业教育体系要充分帮助大学生树立正确的创业观，注重创业相关品质的培养，良好的创业品质包括独立性、好胜性、求异性、进取性、坚韧性等。高校教师要主动适应大数据时代的特点和需要，不断提升自身业务素养，深入了解学生，成为大学生的良师益友，协助学生制订创业计划，防范失败风险。高校要因人而异开展大学生职业生涯规划，充分利用"互联网+创业"的应用平台精准服务大学生创业，在构建大学生创业体系中发挥引领作用。

四、大学生提高自身创业融资能力

大学生回家创业应该注重以下几个方面，以提高他们创业和融资的能力。

（一）对创业项目进行立项选择

创业项目的选择很重要，在激烈的市场竞争中，一个微乎其微的信息可能就是一个优秀的创业项目，可以获得可观的经济利益。在创业项目的选择上，创业大学生要针对某个特定消费群体进行市场调研，从需求中发现商机。在创业的过程中，创业者要选择适合自己的创业项目，而不是找最好的。那么，大学生创业者究竟该如何去选择合适自己的项目呢？总体来说，大学生选择创业项目要遵循以下原则：

第一，适合自己的才是最好的。俗话说："隔行如隔山。"大学生在选择创业项目的时候，要尽量选择与自己的专业、经验、兴趣、特长相符合的创业项目。俗话说，兴趣是最好的老师，只要对某项事情感兴趣，一般都容易做到事半功倍。此外，创业项目一定要选择自己熟悉或者热爱的行业，这样才能够在创业之路上坚持下去。

第二，市场前景决定成败。创业者需要具备一定的市场洞察能力。在确定创业项目之前，创业者要考察当地市场，了解市场的特征与需求。有些产品虽然需求大，但成本高、利润低，不利于资本的积累。还有些行业可能市场已经饱和或者已经处于产品生命的衰退期，这都需要创业者进行判断。

第三，周密考察、科学取舍。创业项目本身是否科学也是创业成功的关键。在这个信息爆炸的时代，许多创业者都是根据信息来选择项目的。但是，创业者不能人云亦云，对信息一定要进行考察、分析，周密的考察和科学的取舍必不可少，没有经实地考察和对现有的经营情况进行了解，不要轻易投资。

第四，创业者还要考察项目的成熟度、市场上有无设备、目前服务情况如何、资金投入后产品能不能马上生产上市等，还要看目前此项目的实施者在全国有多少、经营情况如何等。此外，创业者还要考察创业项目是否有自己的发展空间、存在的困难能否解决、能否持续发展、产品或服务是否有市场、生产经营是否合法等因素。

大学生选择的创业项目大多集中于服务行业，而且大多是具有科技和智力含量的服务，如软件开发、网络服务、网页制作、家教中介等。对于暂缺资金的大学生而言，这也是个不错的选择。大学生创业，切忌纸上谈兵，只凭自己的兴趣和想象，或者一时心血来潮，那样注定会失败。

（二）加强多元化的融资

对于大学生创业者来说，要拓宽思维，实现多元化融资。创业者不仅需要家庭融资，还需要选择银行信贷等。大学生创业者融资应该多元化，具体有以下渠道。

第一，亲情融资。由于大学生创业者刚毕业，涉世不深，缺乏经验和人际关系网络，而且创业的首笔资金数额一般不会很大，所以向亲友借钱是个人筹集创业启动资金最常见、最简单、最有效的方式。这种融资方式因由情意牵线，所以对于筹资者来说基本不存在中途撤资的风险，而且一般都是一次性支付。其突出的优点在于一般没有利息支出或为低利息支出，筹资成本很低，同时也不需要信用记录或抵押。

第二，政策基金。近年来，各级政府和社会组织设立了大学生创业基金，为大学生创业者提供资金帮助。这种基金融资一般分贷款和入股两种形式。其中贷款需要承担还款压力，而入股则需要考虑股份的分配和公司控制权的占有率问题。但它们都具有资金链稳定和筹资成本较低的优点。上海市大学生科技创业基金就是公益性的创业"天使基金"，也是培育自主创新创业企业的"种子基金"。其下设两种资助计划："创业雏鹰计划"和"创业雄鹰计划"，它们分别以债权与股权两种方式对青年创业者提供资金上的帮助，并提供相应的后续支持与服务。

第三，创业贷款。创业贷款是近年来银行推出的一项新业务，凡是被认定为具有一定生产经营能力的个人，因创业需要均可申请。这种贷款不仅利率较低，而且有的地区有一定的补贴，一旦申请成功，创业者即可享受较为优厚的条件。但是其门槛很高，对申请者的要求很严苛。这对于大学生创业者来说，无疑是一个大难题。因此，想要获得创业贷款，必须有一个严密可行的创业计划，充分考虑还款压力和还款时间与企业预计经营状况的关系，确定贷款金额。另外，创业者要做好打"持久战"的准备，因为申请贷款还需要经过工商管理部门、税务部门、中介机构等许多关卡，手续烦琐，任何环节都不能出问题。

第四，合伙融资。如果初创企业是合伙形式的，那么就可以通过合资来获得企业的首笔资金。合作伙伴之间还可以实现优势互补，整合人脉资源，实现初创企业健康快速的发展。

第五，风险投资。风险投资起源于美国，一般是高科技企业赢得资本的方式。我国的风险投资还不完善。风险投资商多关注以高新技术为基础，生产与经营技术密集型产品的投资，比如IT、药业、电子产品制造业等。

（三）构建一个比较专业的团队

考虑到大学生创业者资源有限、经验不足，合伙创业吸引了众多群体的关注。从研究中可以看出，合伙创业的成功率远高于个人创业。

（1）对于创业者来说，需要选择一个志同道合的伙伴。由于自身资本的限制和极低的风险承担能力，中小企业在发展初期很难获得贷款。此外，市场竞争越来越激烈，缺乏突出的优势使得初创企业在一开始的竞争中难以获得市场准入，这使得初创企业增加了对资本的需求。有限的资本一直是大学生创业的障碍，所以合伙可以帮助创业者迈出第一步。

（2）通过合伙创业的方式建立专业团队，可以很好地分散创业风险。在建立合伙企业的初期，合伙人可以充分发挥自己的义务和责任。农村振兴的关键在于人，尤其是年轻人。在竞争中脱颖而出的大学生企业家是许多回到家乡创业的大学生的一部分。大学生以创业的形式促进当地产业融合发展，可以形成农村产业集聚效益，有助于形成人才、土地、资本和产业的良性循环。

第七章　返乡农民工就业与创业的风险规避和权益保护

第一节　创业风险的概念、类型与成因

一、风险的概念、构成要素、主要特征

（一）风险的概念

风险的表现形式很多，可以是飞来横祸，可以是疾病突袭，那么到底什么是风险呢？风险产生于未来的不确定性，这种不确定性是指风险事件发生与否的不确定性、发生时间的不确定性以及损失结果的不确定性。

（二）风险的构成要素

风险的构成要素包括风险因素、风险事故和损失。

1. 风险因素

风险因素是指那些会影响某一特定风险事故的发生，或发生的可能性或损失程度的原因或条件。风险因素是导致风险事故发生的潜在原因，例如：对于建筑物而言，风险因素是指其所使用的建筑材料的质量、建筑结构的稳定性等；对于个人而言，则是指健康状况和年龄等。

2. 风险事故

风险事故是指造成人身伤害或财产损失的偶发事件，是导致损失的直接的或外在的原因。在事故发生之前，风险只是一种不确定的状态，风险事故的发生最终会导致损失。例如，汽车刹车失灵酿成车祸而导致车毁人亡，其中刹车失灵是风险因素，车祸是风险事故。如果仅有刹车失灵而无车祸，就不会造成人员伤亡。

3. 损失

在风险管理范畴，损失的含义是指非故意的、非预期的、非计划的经济价值的减少，即经济损失，一般以丧失所有权、预期利益、支出费用和承担责任等形式表现，精神打击、政治迫害、折旧等行为的结果一般不能视为损失。在保险实务中，常将损失分为直接损失和间接损失。由风险事故导致的财产损失和人身伤害称为直接损失；由直接损失引起的其他损失称为间接损失，包括额外费用损失、收入损失和责任损失等，有时间接损失可能超过直接损失。

由上可见，风险因素的存在，可能引发风险事故，最终导致损失。对于某些特定事件，造成损失的直接原因是风险事故。例如，因下冰雹使得路滑而发生车祸而造成人员伤亡，冰雹是风险因素，车祸是风险事故；如果是造成损失的直接原因，例如冰雹直接击伤行人，冰雹则是风险事故。

（三）风险的主要特征

1. 不确定性

（1）不能确定风险是否会发生。就个体风险而言，其是否发生是偶然的，是一种随机现象，具有不确定性。

（2）不能确定风险的发生时间。虽然某些风险必然会发生，但何时发生却是不确定的。例如，生命风险中，死亡是必然发生的，这是人生的必然现象，但是具体到某一个人何时死亡，在其健康时却是不可能确定的。

（3）不能确定事故的后果，即损失程度的不确定性。例如，沿海地区每年都会遭受台风袭击，但每一次的后果不同，人们对未来年份发生的台风是否会造成财产损失或人身伤亡以及损失程度也无法准确预测。

正是风险的这种总体上的必然性与个体上的偶然性的统一，构成了风险的不确定性。

2. 客观性

风险不以人的意志为转移，是独立于人的意识之外的客观存在。例如，自然界的地震、台风、洪水，社会领域的战争、冲突、意外事故等，都是不以人的意志为转移的客观存在。因此，人们只能在一定的时间和空间内改变风险存在和发生的条件，降低风险发生的频率和损失程度，但风险是不可能彻底消除的。

3. 普遍性

人类的历史就是与各种风险相伴的历史。在当今社会，风险渗入社会、企业、个人生活的方方面面，个人面临着生、老、病、死、意外伤害等风险，企业面临着自然风险、市场风险、技术风险、政治风险等，甚至国家和政府机关也面临着各种风险。

4. 可测定性

个别风险的发生是偶然的、不可预知的，但有人通过对大量风险事故的观察发现，风险往往呈现出明显的规律性。运用统计方法去处理大量相互独立的偶发风险事故，可比较准确地反映风险的规律性。根据以往的大量资料，利用概率论和数理统计的方法可测算风险事故发生的概率及其损失程度，并且可以构造出损失分布的模型，成为风险估测的基础。例如，在人寿保险中，根据精算原理，利用对各年龄段人群的长期观察得到的大量死亡记录，就可以测算各个年龄段的人的死亡率，进而根据死亡率计算人寿保险的保险费率。

二、就业与创业风险的类别与成因

按照不同的标准，就业与创业风险可划分为不同的类型。

（一）从风险因素的来源划分

按风险因素的来源，风险可以分为系统性风险和非系统性风险（或内部风险和外部风险）。

1. 系统性风险

系统性风险又称市场风险或不可分散风险，是指那些影响整个市场（包括所有公司）的因素所导致的风险。系统性风险的产生是由企业外部因素所致。尽管不同的企业对系统性风险的敏感程度不一样，但企业本身无法控制它，其带来的影响面一般都比较大。例如，2008年国际金融危机导致我国沿海地区外贸出口导向型企业因订单骤减而采取减员增效策略，致使大量农民工下岗失业，不得不返乡就业与创业。

2. 非系统性风险

非系统性风险又称特殊风险或分散风险。它是由一些特殊因素的变化引起的。由于非系统风险是个人风险，它是由个人、个体企业或个体行业等可控因素带来的。一般来说，这种风险可以通过投资多元化和投资组合多元化来解决或降低。非系统性风险是企业内部因素造成的，主要是一些直接影响企业经营的因素，如企业管理能力下降、不可预测的天灾人祸等。这些事件的发生导致公司利润下降，甚至亏损。因此，债务负担重的企业与没有借贷资金的企业相比，其风险更大。

（二）从风险因素的表现形式划分

按风险因素的表现形式，风险可以分为市场风险、机会风险、管理风险、技术风险、资金风险、环境风险、自然灾害风险等。

1. 市场风险

市场风险是指市场参与者在经济活动中所面临的利润或损失的可能性和不确定性。

市场风险的成因主要有市场需求量、市场接受时间、市场价格和市场战略。

（1）市场需求量。

市场容量决定了产品的总市场价值。创业失败的原因之一是许多企业家在制订商业计划时没有认真调查市场需求。他们经常盲目乐观，高估市场需求。

（2）市场接受时间。

新产品进入市场通常需要时间和过程。如果初创企业缺乏强大的财政资源来支持新产品的营销（如广告、宣传等活动），那么新产品被市场认可和接受的时间和过程将会非常长。

（3）市场价格。

"高科技、高投入、高产出"是高科技产品的共同特征。这是因为这类产品的初始研发成本通常非常高，需要相对较高的投资；同时，为了获得高回报，产品定价通常很高。然而，如果高科技产品的价格超过市场的承受能力，市场将难以接受。这种高科技产品不能商业化和工业化，投资也不能收回。

（4）市场战略。

市场战略是初创企业取胜的法宝之一。如果没有好的市场战略规划，在价格定位、客户选择、上市时机、市场划分等方面就会出现失误。这会给产品的市场开发带来困难。

2. 机会风险

机会与风险是并存的，一个返乡农民工如果选择了创业就意味着放弃了就业，就需承担创业带来的高风险；相反，如果选择了就业也就意味着放弃了创业，就需承担因从事某种工作而带来的低收入风险。这就是所谓的机会成本风险。因为，一个人同一时期往往只能做一件事情。

例如，张三和李四同时返乡并在同一家公司打工。假以时日，张三权衡再三，又选择了自己创业，辞去了在公司的工作。李四认为自己不适合创业，于是老老实实地给人打工。对张三而言，他就面临着机会成本风险，因为如果不去创业张三尚有一个饭碗可以提供温饱，现在辞去工作，不仅失去稳定的薪水，而且连医疗保险、退休金、住房福利等都没有了。假如张三将来创业成功且企业发展前景良好，和李四相比，张三是真正有了自己的事业，而李四即使工作再勤奋，做上公司总经理，也不过是打工者。但如果张三创业失败，又不得不回到这家公司去打工，那么相对李四而言，张三不仅失去了这段时间的福利，而且也失去了这段时间的工龄。另外，年龄因素也会使张三丧失一些机会。这种机会成本风险是每个创业者都应认真考虑的问题。

对于返乡农民工来说，如果他们认为创业时机已经成熟，而且有良好的商机，那么他们就要下定决心立即创业。如果他们觉得没有好的商业机会，而且对行业状况和企业管理知之甚少，就应该选择就业，边工作边学习，等待合适的时间创业。

3. 管理风险

管理风险是指初创企业管理不善造成损失的不确定性。管理风险的成因取决于管理者素质、决策与组织结构三方面。

（1）管理者素质。

一个好的企业家可能没有深厚的技术知识，但他必须有很强的创业精神、创新意识和愿望，不循规蹈矩等素质。

发达国家高技术产品创新的成功经验之一是技术专家、管理专家、财务专家和营销专家的有机结合，他们形成企业管理的整体优势，从而为高技术产品创新奠定坚实的组织基础。

此外，管理者的诚信也是影响管理风险的因素。许多假冒伪劣产品，如黑棉花、工业油和盐、发霉的米粉、漂白的蔬菜、纸"皮鞋"和致命药物，似乎与一些私营企业有某种联系。为了追求利润，一些初创企业不顾后果冒险，最终受到政府和法律的"致命打击"。结果，企业也陷入了无底洞。

（2）决策。

决策失误是最大的风险。管理学家西蒙曾经说过："管理就是决策。"无论是政治决策、军事决策还是商业决策，都可能会导致失败。对企业家来说，他们不能根据自己的情绪或不切实际的个人偏好做出决定。没有科学分析、可借鉴的个人经历或运气，很可能会导致灾难性的失败。创业是有风险的，需要谨慎的决策。

决策失误带来的管理风险主要来自决策层和管理者的多元化决策。由多种决策失误导致的失败案例值得关注。

（3）组织结构。

如果初创企业的快速发展不伴随相应的组织重组，往往会成为初创企业潜在危机的根源。对于初创企业来说，企业家应该重视组织结构的设计和调整、人力资源的选择和评价、薪酬设计、学习和培训等。从一开始，企业家就需要建立和完善各种规章制度，建立企业文化。

4. 技术风险

技术风险的成因有以下几个方面：

（1）技术上成功的不确定性。

在技术从研发到实现产业化的过程中，任何环节的任何技术障碍都会使产品创新完全无用。由于种种原因，许多初创企业在实施技术产业化的过程中屡遭失败。在许多情况下，资本即将用尽，但合格的产品仍然无法生产出来。

（2）技术前景的不确定性。

新技术在诞生之初是不完善和粗糙的。初创企业的工程师和经理们不确定技术在现有的知识下能否迅速提高。根据实验室的条件，一些在实验室中似乎表现良好的技术很难或不可能在生产车间实施。因为工业生产和实验不可能完全相同，工程师们经常忽略技术环节和其他不应该忽略的限制。

（3）技术效果的不确定性。

即使高科技产品能够成功开发和生产，也很难提前确定它们的效果。例如，一些技术有副作用，可能污染环境和破坏生态；并且可能在实现上受到限制或者在创业前不能达到预期的效果。这些都会造成巨大的损失或者使企业死亡。

5. 资金风险

资金风险对返乡创业的农民工来说是致命的，因为高科技产品创业有两个特点：资本规模相对较大，融资渠道很少。对于高技术创业活动，如果缺乏及时的资金供给，高技术产业化就会被推迟，其技术价值随着时间的推移不断贬值，甚至可能很快被后面的竞争对手超越，从而浪费了初始投资。

资金风险中不可忽视的一个因素是通货膨胀。当通货膨胀发生时，政府通常会采取紧缩的货币政策，带来更高的利率、更高的贷款成本或难以获得贷款，从而导致资金紧缩。与此同时，通货膨胀将推高"转型"过程中使用的材料和设备的成本。

6. 环境风险

环境风险是指高技术产品创新因其社会、政策、法律等环境的变化或突发灾害的发生而失败的可能性。

7. 自然灾害风险

自然灾害是发生在人类赖以生存的自然界中的异常现象，对人类社会造成的伤害惊人。自然灾害包括地震、火山爆发、泥石流、海啸、台风、洪水和其他突发灾害。还有一些逐渐发生的灾害，如地面沉降、荒漠化、干旱和海岸线变化，这些灾害只能在很长一段时间内逐渐发生。还有人类活动造成的环境灾害，如臭氧层变化、水污染、土壤侵蚀和酸雨。这些自然灾害和环境破坏有着复杂的相互关系。

自然灾害风险的形成有两个主要原因：自然变化和人类影响。主要由自然变化引起的灾害通常被称为"自然灾害"，如地震、风暴和海啸；主要由人类影响引起的灾害被称为"人为灾害"，如人为火灾、交通事故和酸雨。

对于返乡创业农民工而言，由于受资金、技术等限制，其首选的创业项目往往是创办绿色农业企业。因此，遭遇自然灾害风险的可能性比一般创业项目更大。

第二节　就业与创业风险的防范、控制与化解

从以上风险可以看出，无论就业还是创业都存在风险，而且风险类型多样，是不以人的主观意志为转移的。这并不是说风险有多么可怕，而是说人们在赞美创业、鼓励创业、支持创业的同时，也应该清醒地认识到，创业同时也是一项非常艰辛的事业，在创业过程中不仅仅有兴奋和激动，还有更多的压力和风险，稍有不慎就可能血本无归。因此，返乡农民工在就业与创业时都有必要了解风险、认识风险，强化风险意识，要有防范风险、规避风险的心理准备：积极地面对，充分估计可能的风险，正视自己的能力并采取行动，即使就业与创业失败也要乐观地接受。同时，风险是可以预测的，只要采取恰当的应对措施，就可以将风险带来的损失降低到最小限度。下面将探讨怎样才能将风险损失降低到最小限度。

一、树立风险意识

投资双方应是相互促进的关系。但是如果创业者不能正确认识引进投资时所存在的风险，就可能迎来不利的局面。作为创业者，要熟知"对赌回购"的法律规则，要有履行合同义务和"对赌回购"条款的担当，以及能够正确认识这种风险对自己的约束。此外，创业者和投资者都要树立法治理念，尊重司法权威，依法行使权利。投资者与创业者都是市场经济的平等主体，应遵循"自愿、平等、公平、诚信"等民法原则，要遵守契约精神；根据合同的意识自治原则，回购义务承担的主体可以是公司的实际控制人或股东，也可以是第三人；《中华人民共和国公司法》在对赌协议中的适用主要体现在投资者与目标公司的对赌中，强调的是保护债权人利益和公司资本维持原则。对赌是自

愿、互利和共担风险的，对赌双方也是基于自愿、平等达成协议，不是强势和弱势的关系。

创业者要树立责任意识，投资人要强化风险意识。投资者和创业者在出现矛盾时，要保持良好的心态，互相交流，合理处理，公平解决。创业者对投资人要有正确的认识。风险投资人的本质是资金的管理者，风险投资机构有法定义务，是按照合伙协议的约定保证资金所有人财产安全的中介机构。创业者要有契约精神，要有理性精神，不要只对自己的估值敏感，要把精力放在把事情做成上。创投行业、投资人和创业者应该是"融为一体"的。创业者要根据项目的实际情况理性确定一个对赌目标，投资人也要根据基金的存续期和项目的阶段合理设置相应的对赌回购条款。

既然风险无处不在、无时不有，那么人们首先就要在心理上消除对风险的恐惧，在战略上重视它，在战术上藐视它；其次要认识它，根据风险形成的机理认识其规律，并进一步寻找出防范和化解风险的应对措施，增强抗御风险的能力。创业本身是一件有风险的事，不论是融资还是不融资，创业者都需要具有风险意识。在创业过程中，增强风险意识，提前做好相应的措施，可以降低创业风险。

在决定创业前，创业者首先需要确定创业项目并展开市场调研。详细的市场调研将有助于创业者分析市场前景、把握市场定位、了解市场动向等。随后，创业者应将调查后的数据，整合成一份完善的创业计划书，内容数据需要真实、规范，不可弄虚作假。计划书是投资人对企业和项目产生兴趣的直接来源，创业者需要认真对待。同时，在信息更新换代极为迅速的今天，创业者应该提前做好应对预案，把握稍纵即逝的机会。创业者在对创业项目进行充分论述后，应对创业风险进行一个正确的评估，对未来可能出现的问题提前做好应急方案，避免问题出现时不知如何解决。例如，返乡农民工要防范就业与创业中存在的法律风险（即所签署的各类合同、承诺等法律文件的有效性和可执行能力），首先就要学法（如《中华人民共和国公司法》《中华人民共和国反垄断法》《中华人民共和国劳动合同法》《中华人民共和国企业所得税法》等一系列法律法规）；其次是要用法，利用法律武器捍卫自己的合法权益。

二、强化风险管理

风险管理是指企业或个人通过理解、衡量和分析风险，选择最有效的方式，以最低的成本争取最大的安全性，积极、有目的、系统地应对风险的管理方法。企业在经营过程中，会遇到阻碍企业目标实现的不确定因素，这种不确定因素被称为风险。只有加强风险管理，防范重大风险的发生，才能够为企业的发展保驾护航。创业者需要建立一个良好的管理机制。对于一个企业而言，不论规模大小，都需要一个好的管理机制以加强内部管理，完善各项制度，防止员工、资金、流程等内部原因给企业造成风险。一般来说，创业者可以采用以下措施：风险规避、风险控制、风险保留和风险转移。风险规避是在考虑到某项活动存在风险损失的可能性较大时，采取主动放弃或加以改变，以避免与该项活动相关的风险的策略。将风险因素消除在风险发生之前，因而是一种最彻底的控制风险的技术。当项目风险潜在威胁的可能性极大，并会带来严重后果且损失无法转移又不能承受时，风险规避是一种最有效的风险管理方式。具体可通过修改项目目标、项目范围、项目结构等方式来实行。具体方法有两种：一种是放弃或终止某项活动的实施，即在尚未承担风险的情况下拒绝风险；另一种是改变某项活动的性质，即在已承担风险的情况下通过改变工作地点、工艺流程等途径来避免未来生产活动中所承担的风险。

风险控制是指风险管理者采取各种措施和方法，消灭或减少风险事件发生的各种可能性，或风险控制者减少风险事件发生时造成的损失。总会有些事情是不能控制的，风险总是存在的。管理者往往会采取各种措施减小风险事件发生的可能性，或者把可能的损失控制在一定的范围内，以避免在风险事件发生时带来企业难以承受的损失。

风险保留即风险自留，也称为"风险承担"，是指企业自己非理性或理性地主动承担风险，即指一个企业以其内部的资源来弥补损失。保险和风险自留是企业在发生损失后两种主要的筹资方式，都是重要的风险管理手段。风险自留目前在发达国家的大型企业中较为盛行。

风险转移是指通过合同或非合同的方式将风险转嫁给另一个人或单位的一种风险处理方式。风险转移是对风险造成的损失的承担的转移。在当事人没有约定的情况下，风险转移的主要问题是风险在何时由卖方转移给买方。

三、建立和健全风险预警机制

顾名思义，预警机制是一个预先的"预警系统"。预警机制，本义上是指预先发布警告的制度，通过及时提供警示的机构、制度、网络、举措等构成的预警系统，实现信息的超前反馈，为及时布置、防风险于未然奠定基础。

返乡农民工创办的企业在发展的过程中，由于信息的不对称、不完备性，创业者解读信息及处理复杂问题能力的有限性以及对市场发展把握不准等原因，使得这些企业在发展的过程中存在着诸多不确定的因素，返乡农民工创办的企业的整体风险就是由影响该风险的各种因素在某个时点上相互耦合所表现的结果。我国返乡农民工创业成功率较低，其中原因之一就是风险太大，如果返乡农民工创业前能建立风险预警机制，便能一定程度上降低风险。风险预警机制是通过建立风险评估体系，进而进行风险预控，化解风险的发生，并将风险造成的损失降至最低程度的有效手段。风险预警机制实际上就是根据所研究对象的特点，通过收集相关的资料信息，监控风险因素的变动趋势，并评价各种风险指标偏离预警线的强弱程度，向决策层发出预警信号并提前采取预控对策的系统。因此，要构建预警系统必须先构建风险指标体系，并按指标类别加以分析处理。

第三节　返乡农民工就业与创业的权益保障

"维护权益"是当今中国的一个流行词。随着公民权利意识的提高，返乡农民工越来越关注他们应该拥有什么样的权益，通过什么途径保护他们的合法权益，国家和政府应该承担什么样的责任来保护他们的权益。

一、权益

权益是指国家法律法规赋予公民的权利和义务的总称。公民权益主要通过国家颁布有关法律法规得以体现。

中国共产党第十七次全国代表大会明确强调"更好地保护人民权益"，将逐步建立以权利公平、机会公平、规则公平和分配公平为主要内容的社会公平保障体系，从而有效保护人民在经济、政治、文化和社会领域的权益。

二、我国公民有哪些权益

我国公民的利益相对广泛。如果粗略划分，公民权益可以分为四类：经济权益、政治权益、文化权益和社会权益。

（一）经济权益

经济权益主要包括就业权和收入权。

（1）就业权

新劳动力的就业和失业者的再就业是交织在一起的。

（2）收入权

随着收入差距的扩大，人民群众对收入权的关注显著提升。中国的基尼系数一直较高，这充分表明一些社会成员，特别是中低收入群体的收入权益没有得到很好的保护，已经成为社会不稳定的重要因素。

（二）政治权益

政治权益主要体现为公民依法民主参与国家经济社会管理。政治权益中最重要的是公民有权了解、参与、表达和监督政府的有关政策，居民也有权依法参与所在基层组织的自治。

（三）文化权益

在文化权益问题中，对受教育权的侵犯最为突出。教育不公平是其主要表现，尤其是在农村地区。这些地方的教育和教学设施建设水平与城市地区大不相同。这在很大程度上导致了城乡居民不公平的"起点"。

（四）社会权益

目前，社会权益保护一直是我们的薄弱环节。虽然这一方面的改善速度近年来有所加快，但问题仍然存在。例如：社会保障存在覆盖面不全、保障水平低的缺陷；迄今为止，9亿农民的社会养老问题尚未得到系统解决；由于高保险门槛，农民工长期被排除在城镇职工社会保障体系之外，城镇职工个人保险的沉重负担也影响了他们的参保热情；建立覆盖城乡居民的社会保障体系任务艰巨。

此外，近年来一些企业和个人对资源环境权的损害尤为突出。经济快速发展对资源和环境造成的破坏不仅降低了人民的生活质量，也影响了中国未来的可持续发展。

三、与返乡农民工密切相关的权益

第一，就业权。保障公民就业权利不仅是应对就业压力的需要，也是从根本上缓解日益扩大的收入差距的措施之一。通过创业促进就业是一个系统工程，当前最紧迫的任务是实施更积极的就业政策，并将扩大就业作为经济社会发展和经济结构调整的重要目标。

第二，受教育权。在知识经济时代，公民的教育水平将成为一个国家的核心竞争力，受教育权的保护水平将直接影响一个国家未来的发展潜力和质量。因此，我国应努力促进教育公平，坚持公共教育资源向农村、中西部、贫困地区、边境地区和少数民族地区倾斜，逐步缩小城乡差距和区域教育发展差距，促进基本公共教育服务均等化。

第三，社会保障权。目前，我国不完善的社会保障机制是制约经济发展和影响社会稳定的重要因素。要充分发挥社会保障的"安全网"和"缓冲"功能，必须在社会保险、社会救助和社会福利的基础上，加快完善以基本养老、基本医疗和最低生活保障制度为重点，以慈善和商业保险为补充的社会保障体系。

第四，基本公共服务权。为了保护这一权利，我们必须逐步实现基本公共服务的均等化。要完善公共财政体系，加大对教育、卫生、文化、就业和再就业服务、社会保障、生态环境、公共基础设施、社会保障等的财政投入。

第五，政治参与权。保障公民有序参与政治的权利，这实际上体现了人民当家作主的民主权利。近年来，政务公开、党务公开和各种形式的听证会都是落实公民政治参与权的尝试和努力。这需要发展民主协商，协调各方利益加强民主监督，维护社会公平正义；加强社会主义法治建设，规范公共权力的范围和方向；促进基层民主，保障公民参与权。通过逐步丰富和完善民主形式。

四、农民工的劳动就业与创业权益保障对策

（一）更新观念，加快相关立法建设

当前，中国社会结构和利益格局发生了巨大变化，利益主体增多，利益需求变得多样化。在持续的利益博弈中，一些强势群体和既得利益群体限于自身利益，对以弱势群体保护为重点的权利保护机制的构建缺乏深刻理解。在这种情况下，如果各方不深刻理解"分享"的概念，将会出现制定权利保护政策的阻力。例如，尽管政府已经将移徙工人纳入工业工人的行列，但迄今为止还没有关于移徙工人的法律或法规。另一个例子是，返乡农民工的社会保障基金是不可持续的，因为"水和肥料不会流向其他人的田地"的观念正在发挥作用。因此，只有社会各界更新观念，树立"共享经济社会发展成果"的理念，才能在构建和谐社会的宏观背景下，让所有人思考相关问题，使权益保护机制在建设过程中尽可能少地受到约束和抵制。目前，政府应尽快制定维护农民工权益的措施，并继续为农民工设立社会保障基金。在维权上，农民工应该做到务工"三牢记"：牢记建设工程项目名称和地址；牢记项目经理、包工头的名字和联系电话；牢记一到时间便催要工钱。如果老板暂时没钱支付工钱，要让老板写下欠条，并在上面签字、按手印、写上身份证号码及联系方式。

维权路上"三要"：要早投诉。当拖欠工资时，农民工首先要第一时间找到所在工地项目部反映情况，由项目部出面协调解决，解决不了的要第一时间到当地劳动保障监察机构投诉。不轻信包工头做出的口头承诺，更不能等到春节临近或者完工撤场后再来投诉，拖欠工资的时间越长越不利于追回工资，一旦超过法定的查处时效（一般为欠薪事实发生知道或应当知道之日起两年），便丧失了依法维护自己合法权益的机会；要有凭证，如劳动合同、结算单、工

资欠条、考勤表等相关依据；要掌握维权的正确途径。一般性的拖欠工资事项，准备好相关证据材料可直接向当地劳动保障监察部门反映；工资存在争议的欠薪案件应向劳动者人事仲裁机构或人民法院反映。

工资报酬权益一直是劳动者的核心权益。2020 年 1 月 7 日，《保障农民工工资支付条例》全文正式公布，自 2020 年 5 月 1 日起施行。该条例是我国第一部保障农民工工资权益的专门性法规，自此开启了"依法治欠"的新阶段。《保障农民工工资支付条例》的实施使农民工工资更加有保障。各级政府和相关部门均加大了对拖欠农民工工资行为的打击力度。农民工工资应以货币形式通过银行转账或现金按时支付给农民工本人，建设单位和施工总包单位按要求缴纳农民工工资保证金，地方各级政府设置欠薪应急周转金。违法转包、分包、发包、挂靠导致拖欠农民工工资的将承担清偿责任。施工总承包单位应开设农民工工资专用账户，施工总承包单位或分包单位应依法与招用的农民工签订劳动合同，并实行劳动用工实名制管理。拖欠农民工工资的违法行为涉嫌构成拒不支付劳动报酬犯罪的，相关责任人将被追究刑事责任。违反《保障农民工工资支付条例》规定，企业将受到 2 万至 10 万元处罚，情节严重的将受到限制承接新工程、降低资质等级、吊销资质证书等处罚，还可能被列入"黑名单"实施联合惩戒，个人也将受到 1 万至 3 万元处罚。任何单位和个人对拖欠农民工工资的行为，都有权向人力资源社会保障部门或行业主管部门进行举报。

（二）完善农民工基本权益保障的就业与创业环境

相对而言，在农民工的劳动就业与创业权益保障工作中，想要在日后得到理想的成绩，就要改善就业与创业环境，这是比较基础的工作内容。笔者认为，完善农民工基本权益保障，可从以下几项工作出发：

（1）需要健全农民工本身的保障体系，特别是农民工在未签订合同下的讨薪，政府相关部门应主动出面与相关企业详谈，在整体上做好农民工的劳动就业与创业的权益保障，避免造成某些问题的反复出现。

（2）应该在社会上多多树立正面的形象，促使反面企业主动地做出变革。例如，现阶段的很多地方企业，为了让农民工切实地感受到自身的价值和工作回报，采用现场发放薪资的方法。当地可联合相关的媒体对此进行报道，促使农民工充分了解到，哪些企业是值得信赖的，哪些媒体能够对他们产生帮助，这样就能在行业风气的纠正上得到良好的成效。

（3）对于某些严重的违规企业，或者是对农民工伤害较大的企业，必须予以严厉的惩处，在社会上公示，给农民工一个满意的交代。

（三）完善劳动力市场，构建城乡就业与创业迁徙制度

要保障农民工的劳动就业与创业权益，还要在劳动力市场方面不断地完善，要有效地构建城乡就业与创业迁徙制度。现阶段，城乡一体化的进程不断地加快，想要让农民工的就业与创业持续发展，就要更好地构建城乡就业与创业迁徙制度，这样就可以为农民工的长久就业与创业、进城务工等提供更多的外部指导和保障，减少农民工的各项权益损失。例如，建立城乡就业与创业迁徙制度，积极营造新生代农民工就业与创业迁徙的良好环境，逐步实现新生代农民工的城镇化和市民化。政府部门要建立一套动态、统一和开放的人口管理体制，建立和实现城乡人口一元化的管理机制，确保城乡人口的自由迁徙权利。要想真正实现新生代农民工由农民转向工人，从农村融入城镇，从农民转为市民，就必须彻底消除新生代农民工基本权益保障缺失的制度障碍，为切实保障新生代农民工的基本权益，积极营造新生代农民工平等就业与创业的制度环境。在较为公平的市场经济环境下，要打破城乡二元劳动力市场的城乡壁垒和地方保护主义。

第八章 扶持农民工返乡创业的政策选择

第一节 扶持农民工返乡创业的基本思路

一、扶持农民工返乡创业的背景

农民工群体，某种程度上来说是创业大军中的一个"孩童"，也许跌跌撞撞，但有无限潜力。给予扶持，定会茁壮成长。近年来，我国陆续提出鼓励农民工返乡创业的一系列支持措施，以期实现新型工业化和农业现代化、城镇化和新农村建设的协同发展。农民工作为我国劳动力市场中的重要组成部分，自然也应成为创业的主体之一。鼓励机制的推出，既有农民工自身需求的迫切性，也有国家宏观调控上的战略考虑。

随着近几年经济增速的放缓，中国产业开始转移。一些东部沿海地区的劳动密集型产业正向中西部地区转移，这也带动了农民工群体从原来的东部沿海地区重新回到家乡不发达地区就业。这种新的就业趋势正在形成，鼓励农民工返乡创业正是顺应了这种潮流。

农民一般只身到城里打工，把家属留在老家。他们并非不想一家人生活在城里，而是农民工劳动报酬过低，不足以支撑城里的家庭生活。同样辛苦地工作，农民工的工资收入普遍要比务工地社会平均工资低很多。由于劳动力供给充裕，劳动力市场竞争激烈，农民工报酬增长极为缓慢。面临工资报酬过低，不能兼顾家乡父母养老和子女升学的双重考验，许多农民工在去留问题上做出了选择。

与此同时，政府扶持农民工返乡创业有益于城市反哺农村。目前，我国迎来了改革开放以来的第四次创业浪潮。鼓励农民工返乡创业，不仅能够解决自身的就业问题，还能够充分发挥创业带动就业的"倍增效应"，形成"一人带动多人就业"的积极局面。事实上，农民工在创业方面具有一定的相对优势，比如外出农民工一般素质相对较高，在城市打工具有较强的学习能力，对信息的理解和把握能力较强。因而，农民工返乡创业的人数和比例近些年持续上升。大量的农民工返乡创业，无论对农村经济还是城市经济来说，都会带来"双赢"的结果。一方面，这有利于打通城市与农村的流通渠道，拓展城市经济的发展空间，化解城市的过剩产能，进而扩大整个社会的总需求。另一方面，这对发展农村经济也十分有益，随着大量创业型企业的出现，会吸引资金、人才向农村地区聚集，成为城市反哺农村的一个重要途径。

二、扶持农民工返乡创业的基本思路

政府对返乡创业的农民工的支持是一个分阶段推进的动态过程。在这个过程中，政府、农民工企业家及直接受益者参与并共同推动"自上而下"和"自下而上"的制度演进。总体来说，支持农民工返乡创业的政策设计如下：

（1）需要将短期政策同长期发展机制结合到一起。从短期发展视角来看，农民工离开城市回到农村地区发展，会遇到重重困难。对企业家来说，五项支持政策主要指的是国家在财政税收方面、金融方面、土地使用方面、绿色通道方面、基础设施方面所制定的方针政策，例如财政政策、税收政策、土地使用政策等。重要性较高、利用和执行较差的政策是返乡企业家最需要的政策，但也是最受约束、最迫切需要突破的政策。此外，城乡发展呈现出一种互补发展关系，但是城乡之间同样存在僵化现象，这对城乡地区的发展带来诸多制约，因为孤立的体制改革专门针对个别实际困难地区。它往往导致政策体系呈现出一种"碎片化"状态。为了建立促进农民工返乡创业的长期机制，应实施城乡最终融合的政策和制度。这不可能在短期内实现，需要长期的实践活动为其提供有力支持。

（2）需要将政府部门所出台的各项政策同企业家自身发展结合到一起。我国如今正处于一种城乡二元化发展局面。整个产业结构发展的过程，均需要来自政府部门的力量，依靠政府部门对市场的宏观调控，促进城市化的发展，从"循环积累因果"朝着"循环向上积累"不断发展。然而，以自我积累为主的农民工完全依靠市场力量，在整个发展过程会遇到重重困难，这就需要政府部门为其提供有力支持，让返乡农民能够有信心、有决心在农村开展创业发展活动。

（3）不断优化农村农业发展环境，提升农民工创业发展质量。如今，农

民工返乡创业活动仍处于起步阶段。"偏向城市"的城乡二元分割制度给返乡农民工在农村地区开展创业活动带来诸多制约，不断削弱农民工返乡创业的积极性与主动性，对农村地区的发展产生严重的负面影响。当前，政府部门对农民工返乡创业所给予的支持主要表现在两个方面：一方面，优化市场环境，为农民工返乡创业提供与之相适宜的发展环境，这一环境不仅涉及制度领域的软环境，还涉及基础设施领域的硬环境，其目的是做好城乡一体化建设工作，缩小城乡之间的发展差距，确保城乡之间能够协调统一，最终达到共同发展、共同富裕的目的；另一方面，积极做好农村居民的教育培训工作，不断强化农民工在创业活动中的主体地位，通过提升农民工的创业素质，建立稳固的"立足点"，抓住机遇，善用政策，适应市场，让农民工能够在市场发展中占据良好的主体位置。

（4）改革要全面进行，关键政策要突破。制度演进具有与历史相关的路径依赖，一个可行的制度体系具有一整套制度安排的相互一致性。为了实现农民工返乡创业的长期利益，短期有针对性的政策需要不断通过多种手段与办法，为农民工创业提供有力支持。

第二节　扶持农民工返乡创业的短期政策

一、积极做好返乡创业扶持政策体系的各项优化工作

政府在开展农民工返乡创业的扶持工作时，需要从两方面着手：一方面是外部环境，通过改善农民工返乡创业的外部环境，调整资源结构，降低外界因素对农民工返乡创业的制约作用；另一方面是创业主体，通过做好农民工教育培训工作，提升农民工的综合素质，让农民工能够对国家所制定的优惠政策有一个全面、系统地认识，充分利用政府部门所出台的规章制度，开展一系列与之相适应的创业活动。在对农民工进行教育培训时，其培训内容主要包括创业培训、就业支持以及返乡创业组织培训等。

（一）优化农民工返乡创业环境

1. 加大财税扶持力度

农民工返乡开展创业活动离不开资金的支持。为降低农民工返乡创业风险，调动农民工返乡创业的积极性与主动性，国家可为返乡农民工创业提供"贴现贷款"服务，同时根据农民工创业活动的实际情况适当降低对农民工创业活动的审批标准，还应优先支持贫困地区创业农民工、符合扶贫补贴贷款条

件的企业。返乡创业的农民工可以享受一定的税收减免；与城镇下岗职工相比，已登记失业并回乡创业的农民工享受优惠政策。凡返乡创业吸收 35 岁以上被征地农民、城镇下岗职工和剩余劳动力的，均应享受相应的优惠政策，即与当地居民一样获得国家和地方政府支持农业产业化企业、农产品加工业、非公共服务行业、高新技术企业、中小企业等发展的优惠政策。

2. 拓展产业融资渠道

农民工返乡创业的资金主要来源是自有资本积累和亲友间的借款，这些往往很难满足返乡农民工创业的资本需求。处理农民工资金问题，就需要不断完善农村现有的金融体系，通过优化农村产业发展环境，拓展资金周转渠道，为创业活动提供持续"供血"的能力，具体可以采取以下两种方式：

（1）在拓展农民工创业融资渠道时，需要不断加大对返乡农民工创业的支持力度，依靠政策支持，为农民工创业活动提供具有长期性、小型化、低利率、全方位的信贷产品。

（2）需要积极做好金融机构的创建与发展工作，为农村中小企业的信贷提供有力支持，积极满足农村中小企业在信贷方面的各种需求。

3. 创建返乡农民工创业孵化载体

现有工业园区的高门槛限制了主要面向返乡农民工的小型创业企业的进入。此外，严格的土地使用控制使新建或扩建的返乡农民工创业项目面临土地瓶颈。在严格保护耕地和节约集约用地的原则下，政府应将返乡农民工创业用地纳入城乡建设和土地利用总体规划，充分利用小城镇和农村非农建设用地存量。

（1）积极做好基础设施以及相关配套设施的建设活动，根据农民工创业活动的实际需求，为其提供与之相适应的创业发展平台，具体措施如下：借鉴高新技术孵化的成功做法，在学校或机构，充分利用土地改造或建设低成本工场，开设"创业孵化器"；让返乡创业的农民工平等享受吸引外资和产业发展的优惠政策；在土地使用和工厂租赁方面，给予财政补贴，以降低返乡创业农民工的生产经营成本，提高其市场竞争力。

（2）放宽限制，加快产业创新活动的发展，确保城乡生产要素能够长期处于一种自由流动状态。在产业发展的过程中，需要将不影响水土保持作为发展前提，确保返乡创业农民工能够在创业发展的过程中对非耕地进行充分利用，或者在其宅基地上修建简易生产性房屋开展小规模加工项目。相关部门应积极提供水、电、气设施，并做好相关设施的完善工作，为农民工的各项创业活动提供有力的支持。

（二）培育壮大农民工返乡创业主体

如今，返乡创业农民工迫切需要提高自身的能力与水平。与此同时，农民工作为社会中最分散的群体之一，在开展创业活动时，需要不断提升自己所拥有的组织能力和社会资本以适应现代经济社会发展。

1. 实施创业培训活动

在返乡农民工开展创业活动之前，政府需要对他们进行专门的创业技术培训，确保农民工拥有良好的创业能力。然而，对返乡农民工所开展的创业培训活动，与普通的专业技术培训或者是在职培训活动有所不同，这种培训活动在开展过程中需要科学处理好创业与经营之间的关系，让创业者能够对企业经营与企业发展有一个全面深刻的认识与理解。因此，在对创业农民工开展创业培训活动时，关键是要增强返乡农民工的创业意识，让农民工能够拥有良好的创业、创新意识，积极开展创业发展活动，这样才能不断提升其创办的企业在市场发展中的适应能力。

2. 不断提升农民工组织化程度

为提升农民工创业活动在市场发展中的竞争力，可采取的具体措施如下：需要充分借鉴国内外在这方面的经验，依靠政府力量做好农民工骨干成员的培养工作，以一种新农村集体的形式推动农村产业的发展与进步；让农民能够成为产业发展的主体，逐步朝着新型集体组织的方向发展；不断提升农村基本民主治理的改革力度，使农民能够成为新农村治理工作的主体；应对市场经济的产权划分机制、成本收益平衡、现金投入和意愿表达等进行重构，不断提升农民工组织化程度，增强农民工在市场经济发展中的谈判能力与竞争能力。

二、调整扶持政策的开展方向

（一）基于不同类型企业需求的视角

根据笔者研究团队实际调查数据的分析，返乡创业 10 种扶持政策的重要性依次为：财税政策、金融政策、绿色通道政策、基础设施政策、土地利用政策、信息咨询服务政策、产业政策、创业培训政策、技术政策和就业政策。其中，最难制定和实施的是金融政策，其后依次为技术政策、土地利用政策、创业培训政策、产业政策、就业政策、信息咨询服务政策、基础设施政策、绿色通道政策和财税政策。

根据返乡创业的主体及其企业特征，返乡创业大致可以分为三种类型：初创企业、成长型初创企业和发展型初创企业。初创企业主要集中在低技术领域，投资少、成本低、企业规模小，大多以个人、民营企业和合伙组织的形式出现。其中发展良好的，大多是中小企业，主要以现代企业组织的形式出现。这些企业家还需要通过各种渠道获得创业技能。

成长中的企业正处于升级的关键时期，这要求政府不仅要通过财政和税收激励、创业和技术创新激励来减轻其发展负担和为其提供发展动力，还要为其提供更多的发展机会和市场机会。

例如，直接财政支持政策对于初创企业来说更为重要，而以奖励取代补贴的激励政策对于成长型和发展型企业来说更为必要，特别是在技术创新和研发领域。面向初创和成长型企业（主要是中小企业）的金融政策需要创新融资模式和金融产品，发展新的金融机构，提供担保和改善信贷便利，以解决中小企业的融资困难。对于发展型企业，应更加重视融资规范、融资服务效率和风险防范。无论绿色通道政策的目标是什么类型的企业，它都注重简化程序和提高效率。对于初创企业来说，技术政策是更直接的帮助，例如技术咨询、推广和应用指导，以及解决技术问题。对于成长和发展中的企业来说，技术创新，尤其是自主核心技术研究，尤为重要。这不仅要求政府对技术创新和自主研发给予政策激励，还要求创新手段整合市场资源，吸引社会资本广泛参与技术创新的投资和成果转化，特别是培育和拓展技术创新服务中介市场。土地使用政策对乡镇企业创业的限制相对较小。特别是农业初创企业使用的大部分土地由地方政府协调，这相对容易解决。然而，创业企业特别是成长型中小企业，很难使用更多土地。一方面，其快速扩张需要土地；另一面，由于其发展规模，在地方经济发展中很容易被忽视。

（二）基于政策供给的视角

为了进一步改善返乡农民工的创业环境，促进农村经济社会加快发展，今后政策的实施方向可划分为"改善、加强、重点强化"三类，具体措施如下：

（1）在政策资源的配置上，要优先实施财税、金融、用地、基础设施、绿色通道以及信息咨询服务六个方面对农民工返乡创业尤为重要的政策。

（2）就扶持政策整体而言，应重点强化扶持政策的宣传工作，并着力提高政策的覆盖面，降低创业者利用扶持政策的难度。

（3）就具体政策而言，我们应该采取以下措施：重点强化用工、技术和产业政策的宣传；需要特别重视提高金融、用工以及产业政策的覆盖率；应大力提高金融、技术和用地政策的落实力度；重点改进涉及金融、用地以及基础设施等方面的政府部门的服务质量和水平。

三、不断提升政府服务质量

在农民工返乡创业活动中，地方政府部门发挥着重要作用，只有提升地方政府在农民工返乡创业活动中的服务质量，才能够为农民工开展返乡创业活动提供良好的发展基础。

第一，在关于农民工返乡创业的问题上，地方政府需要从思想上入手，从根本上扭转对农民工返乡创业的认识与理解，努力将农民工返乡创业活动提上日程，使其能够成为一个重要的民生问题，成为当代社会发展建设的重要内容。创新返乡农民工创业组织模式。

第二，建立公平的市场准入制度，鼓励和引导返乡创业农民工进入法律法规没有明确禁止的行业和领域，具体措施如下：建立相关机制，确保返乡创业农民工公平参与市场竞争，平等获得生产要素和资源；实行与城镇下岗职工同等的创业和吸引外资优惠政策，享受与工业园区企业同等的社会保险优惠政策；为加快注册资本登记制度改革，所有不受国家限制的行业都应实行注册资本认缴登记制度；企业家应当自主约定认缴出资额、出资方式和出资期限，取消注册资本最低限额，无须验证注册资本；在满足城市规划、安全、环保、卫生、消防等要求的前提下，放宽对营业场所的限制；所有合法有效的房地产证持有者均可视为营业场所；企业家的家庭住宅、出租住房和临时商品房可被视为营业场所，但前提是保持原有产权。

第三，地方政府部门需要积极做好农民工创业引导工作，开展相关法律政策的宣传活动，在社会中为农民工创业活动的开展提供一个良好的活动氛围。为此，地方政府在开展农民工创业扶持活动时，需要从以下几个方面着手：积极做好扩大农村转移就业以及农民工增收途径的宣传工作，促使农村农业朝着现代化农业的方向不断发展，进而缩小城乡之间的发展差距；充分利用社会中的舆论力量，激发农民工在返乡创业方面的自主能动性，做好返乡创业文化的发展工作，在社会中创造一个良好的返乡创业氛围；积极做好农民政策的解读工作，让农民工能够对国家针对返乡农民工自主创业所出台的各项政策有一个全面、深刻的理解与认识；创造一个和谐的创业环境，倡导创业精神，赞扬成功，容忍失败。这样一来，所有有利于创业的想法都将被充分调动和激活，农民工的创业动机将得到加强，农民工的创业能力将得到释放，更多的农民工将被吸引回家创业。农民工返乡创业的政策效应将继续扩大，广大农村地区会形成良性互动的局面，即"创业促进就业，就业促进创业"。

第四，提升政府部门在农民工创业审批工作中的效率。政府部门在工作过程需要积极转变工作作风，不断提高行政工作效率，保证行政工作质量，落实返乡农民工行政审批工作。所有农民工创业的本地费用和服务费用都要降低，不可对农民工做出特殊的附加要求。

第五，重组现有的商业服务平台体系，改变商业服务主要由政府公共管理部门提供的现状，充分发挥社会资本的力量，培育多元化的商业服务平台；政府部门需要加强政策执行机构和服务平台人员的专业培训，提高政策水平和服务质量。政府部门需要充分利用现代化科学技术做好返乡创业公共服务平台的创建活动，将先进的科学技术、评估方法、政策办法运用到农民工平台创建活动中，为农民工提供良好的配套服务，真正落实政府支持政策。

第三节 扶持农民工返乡创业的长期政策

在农民工返乡创业受阻的背后，是在中国特殊历史条件下形成的长期城乡二元体制。受城乡二元体制的影响，政府在工作过程中，其行为激励活动过多地偏向城市地区，这给返乡农民工的整个创业活动带来诸多制约。

一、将土地制度作为农村产权制度改革的核心

中国农村土地产权制度是在农村土地集体所有制基础上产生的，它体现了实行家庭联产承包责任制以来农村土地制度改革的成果。全面深化经济体制改革和激发各类经济主体发展新活力是新一轮农村改革的主题。农村产权制度改革工作在实施过程，应以自由、公平和标准化的原则为基础，面向市场。如果将户籍制度作为农村产权制度改革工作的核心内容，就需要积极做好相关配套措施的改革，科学处理农民工在产业发展中所遇到权利"主体"问题。以往，农民开展自主创业活动，由于城乡生产要素呈现出一种相互隔离状态，虽然农民生产力较低，但并没有加剧权利相互侵犯的矛盾。

农村产权制度在实施改革时，有大量的专项文件需要深入研究。无论实施何种改革措施，改革工作开展的根本目的就是明确农村集体用地（包括宅基地和住房）相关法律赋予农民的产权界限，真正赋予农民权利，并为给予农民强制保护提供法律上的有效依据。权利确认的目的是流通，以此达到农村资源增值的目的，实现农村资源的资本化。

近年来，我国各地纷纷采取土地改革措施，促进农民工返乡创业。例如，长垣市把农村土地制度改革作为助推市域经济高质量发展的有效抓手，通过改革理清了发展思路和发展路径，培育了特色主导产业和新兴产业，促进了城乡融合和协调发展，提升了治理方式和治理能力。长垣市将农村土地制度改革作为引领农村综合改革的重要手段，探索以改革破解乡村振兴中空间、资金、组

织、人才要素缺失的突出问题，坚持全域全面铺开，聚焦矛盾问题，敢于触碰痛点难点，进行充分试验，进一步激活农村资源要素、助推乡村振兴。

二、将"农民主体"培育作为社会结构再造的核心

无论是开展户籍制度改革工作，还是开展农村产权制度改革工作，均需要来自政府力量和市场力量的支持。在实施各项制度改革工作时，我们应该避免政府力量与市场力量处于不均衡状态，这就需要积极做好两方力量的交流和融合。实际上，作为一个真正的市场主体，返乡创业农民工会积极参与各种形式的市场交易，为自己的切身利益"斤斤计较"。我们应该超越物质主义，善于多管齐下，充分发挥非物质、非经济手段和方式的作用；自觉践行"坚持党管农村工作"的原则，为乡村振兴提供坚强有力的政治保障；认真践行"坚持农民主体地位"的原则，为乡村振兴提供量足质优的人才支撑，这将不可避免地导致通过产权分割机制、成本收益平衡、投资套现模式和符合市场经济的意愿表达等形式形成各种新的农村经济联合体，对农民创业活动各项问题进行合理处理。

整个农民群体在不断流动时，社会价值观的传递机制将逐渐逆转。无论是在城市还是在农村，农民和城市居民都必须整合观念、行为、习俗、心理等方面，最终从制度和社会价值观上恢复农民作为"平等公民"的应有地位。

三、将转变政府职能作为社会治理结构变革的核心内容

为了应对地方财政最大化、以国内生产总值为中心的绩效评估和现行就业促进体系的局限性，地方政府更倾向于引进投资规模大、见效快、利润和税收高的企业和项目，容易忽视农民工返乡创业问题。

如今，我国所呈现出来的经济低成本积累现象已不再可持续，在当前的发展进程中需要积极做好思想观念的转变工作，从传统的"增长"概念过渡到当前的"发展"概念，以及完成从数量扩张到质量提高的变化。

围绕本书的研究，二元体制和机制的统一改革将极大地提高分散农民的组织化程度和议价能力，同时与政府部门以及社会中的其他力量形成良好的合作关系，彼此之间相互扶持、相互制约，形成一种和谐共处的发展关系。针对农民工返乡创业政策的制定，政府部门需要从以下两个方面着手：

（1）财税体制：建立包括返乡创业支持在内的中央—地方联合支农责任制，将县作为城乡协调发展的组织单位以及为农民工返乡创业活动提供支持的单位；不断提升中央政府以及省级政府部门在城乡协调发展方面以及创业方面

的投资力度；明确相应的职能部门，建立部门联合体系。

（2）绩效评价机制：弱化国内生产总值指标的作用，将区域差异以及区域发展实际情况为依据，创建与之相适应的评价指标体系；应保证所创建的评价指标体系具有较强的灵活性与多变性；严格遵循因地制宜原则，确保各项指标之间呈现出一种相辅相成的发展关系。

第九章 农民工返乡创业政策体系设计

本章主要从加大财税支持力度、优化融资环境、保障土地要素供给、加强组织建设、加强产业引导、优化公共服务、加大创业技能培训力度、营造创业氛围八个方面构建返乡创业政策支持体系。

第一节 加大财税支持力度

一、加大农村基础设施建设

农村基础设施建设的提档升级，是国家推进乡村振兴战略的重大举措，是一项重要的惠民益农政策。毫无疑问，农村建设将会得到大改变，农民群众将会从中得到大实惠。从另一个角度讲，这也将提供大量的工作机会，很多返乡农民工也将受益。

当前，国家多个部门正在筹划农村基础设施建设，各地也将加大投入力度，农村基础建设规模将达到4.52万亿元。超四万亿元的巨大投资进入农村，交通物流、农田水利、能源和信息网络四大领域将优先投入，农村很快将有以下四个方面的大变化。

（一）交通出行将更顺畅

在农村，"村村通"是一项大工程，除了要通路、通水、通电之外，现在我国还启动了"户户通、村村清、村村亮、村村响"等惠民工程。在农村地区，"村村通"工程已经实施了很多年，很多村庄在国家的全力建设下，现在也基本实现了"三通"，村民的生活越来越方便了，基础设施和公共服务设施明显改善。在这几年，不少回乡的村民都在感慨家乡的变化，希望自己能够早点赚到钱，然后回到家乡盖房养老。

当然，虽然说现在有很多村庄实现了"三通"，基础设施也完善了，但还是有些地方的农村到现在还没有完善的道路体系。尤其是在偏远山区农村，很多公路因为地理位置特殊，施工难度较大，道路的问题一直没能改善。除此之外，有些村庄因为人口流失，现在也不具备发展条件，因此，也未能完善各项设施，而这样的村庄，以后国家也会采取"撤并搬迁"的办法，让村民搬到新农村居住，告别贫穷。

我们国家也提到了两项和基础设施建设有关的措施：一个是补齐农村基础设施和公共设施的短板，完善农村道路体系，改善农村的基础硬件；另一个是优先保障三农领域的资金投入问题，中央财政和预算优先向农村地区倾斜。当前，新的"村村通"计划又增加了新的内容：

第一项，"村村通快递"。近些年来，随着互联网的发展，农业信息化、现代化发展的道路已经非常清晰。未来的农村，农业也会和互联网融合发展，乡村电商也会在农村地区兴起。从目前的情况来看，农村的快递运输服务体系并不完善，很多大件的物品都需要自取，很多村民只能从实体店去购买，在网上购物很不方便。"村村通快递"后，除了拿快递方便之外，快递服务体系完善之后也会带动电商的发展，未来的电商也会迎来一个发展期。

第二项，"村村通客车"。虽然说现在有部分村庄已经实现了"通客车"，但在偏远山区农村，因为人口流失比较严重，一直没能实现"村村通客车"。

（二）农田灌溉将更方便

耕地能不能高产，水利建设保障是关键。但当前很多农村地区的耕地，由于地下水位下降、河流水量减少等，浇水灌溉难的问题十分突出，很多农田只能看天吃饭，经常有大面积减产的情况发生。为此，国家将加大农村水利基础设施建设力度，建设一批重大水利工程，把更多的旱田变成水浇田，促进农业增产丰收。

（三）农村用电将更便捷

"有了电、真方便，电的用处说不完。"这句话真实说明了电在生产生活中的巨大作用。在农村，随着经济社会的发展，电的应用也更加广泛。为保障农村用电需求，国家将加大农村能源建设投入，大力发展地热能、太阳能、生物质能等新能源，升级改造农村电网，让农民不再为用电担心。

（四）信息网络将更发达

当今时代是一个信息网络时代，网络已经深刻地改变了人们的生产生活。农村当然也不例外，5G手机、网上购物、网上销售、农村电商等新生事物已经在农村深深扎根，但农村的信息网络基础设施建设与城镇比还有不小的差距，跟不上农民对信息网络的热切需求。下一步，国家将加大这方面的建设，加快宽带网络和第四代通信网络全覆盖，农民上网将更加流畅。例如，《中共

中央 国务院关于全面推进乡村振兴加快农业农村现代化的意见》提道：加大农村电网建设力度，全面巩固提升农村电力保障水平；推进燃气下乡，支持建设安全可靠的乡村储气罐站和微管网供气系统；发展农村生物质能源；加强煤炭清洁化利用；实施数字乡村建设发展工程；推动农村千兆光网、第五代移动通信（5G）、移动物联网与城市同步规划建设；完善电信普遍服务补偿机制，支持农村及偏远地区信息通信基础设施建设；加快建设农业农村遥感卫星等天基设施；发展智慧农业，建立农业农村大数据体系，推动新一代信息技术与农业生产经营深度融合；完善农业气象综合监测网络，提升农业气象灾害防范能力；加强乡村公共服务、社会治理等数字化智能化建设；实施村级综合服务设施提升工程；加强村级客运站点、文化体育、公共照明等服务设施建设。

二、加大财政奖补力度

我国对于农民工返乡创业人员的支持主要从以下几个方面着手：对符合条件的企业和人员，按规定给予社保补贴；具备享受支农惠农、小微企业扶持政策规定条件的纳入扶持范围；经工商登记注册的网络商户从业人员，同等享受各项就业创业扶持政策；未经工商登记注册的，可同等享受灵活就业人员扶持政策。

例如，2021 年郑州市政府办公厅印发的《郑州市进一步支持返乡入乡创业实施方案》提出，符合条件的返乡下乡创业人员申请创业担保贷款，最高额度不超过 35 万元，高校毕业生不超过 40 万元；对发放的个人创业担保贷款，不动产登记部门在办理不动产抵押手续时免收登记费和服务费等。

2021 年河南省实施税费减免，对入驻县（市、区）返乡入乡创业园区、产业集聚区、特色商业区、商务中心区及其他专业园区、孵化基地、创业园区的返乡入乡创业企业，发生的物管费、卫生费、房租费、水电费、场地租赁费，由各县（市、区）按当月实际发生费用的 50% 给予补贴，年补贴最高限额 2 万元，补贴期限不超过 3 年；对农民工等人员建立的返乡下乡创业农村电子商务服务平台，由各县（市、区）本级财政资金对场地租金和网络使用费等给予 50% 的补贴，年补贴最高限额 2 万元，补贴期限不超过 3 年。

三、设立返乡创业专项基金

近年来，我国各地政府纷纷设立专项资金，支持返乡农民工自主创业，并纳入地方财政预算，主要用于返乡农民工自主创业等。

2021 年 3 月 29 日，国家发改委、科技部、住建部、财政部、银保监会等十四部委联合发布《关于依托现有各类园区加强返乡入乡创业园建设的意见》（以下简称《意见》），提出支持地方依托现有各类园区加强返乡入乡创业园建设的总体要求、主要任务、政策措施和组织保障，这是我国首次专门出台关于支持返乡入乡创业园建设的具体政策文件，也是我国解决"三农"问题，支持农村创新创业、支持返乡就业工作的一项重要举措。

2020 年受新冠肺炎疫情影响，农村创业创新、返乡就业工作被摆到了更加突出的位置。2021 年政府工作报告中指出："加快发展乡村产业，壮大县域经济，加强对返乡创业的支持，拓宽农民就业渠道。千方百计使亿万农民多增收、有奔头。"提高农民收入、缩小城乡差距，实践乡村振兴战略是我国城镇化水平发展到一定阶段的必要举措。近年来，随着农村创业创新环境持续改善，乡村振兴战略的不断推进，农村创业浪潮正在乡村广袤的土地上茁壮成长。《意见》坚持问题导向，紧紧围绕就业优先战略和实现资源集约高效利用和共建共享的迫切需求，提出返乡入乡创业园建设的 3 个主要任务和 5 大政策措施，既体现了战略性也突出了实效性，任务十分明确。

为了破解制约返乡入乡创业高质量发展的痛点、堵点问题，《意见》中着力构建系统完备的返乡入乡创业平台支撑体系。其中在政策措施中明确提出：发挥财政资金撬动作用和发挥社会资本补充作用。鼓励社会资本按照"市场运作、科学决策、防范风险"的原则建立返乡入乡创业投资基金，鼓励金融机构、社会资本依法合规对返乡入乡创业园企业进行股权投资。希望财政资金和社会资本能在返乡入乡创业园建设中发挥更大的作用，破解制约返乡入乡创业高质量发展的痛点、堵点问题，缓解返乡创业企业的资金困境。支持社会资本建立返乡入乡创业投资基金，也是未来我国私募股权行业发展的一个重要方向。

例如，河南省财政厅在发挥财政资金对返乡创业领域的撬动作用方面先行一步。河南是人口大省，劳务输出大省，2016 年年底河南省累计有 81 万多名农民工返乡创业，带动农村劳动力就业 400 多万人。按照河南省政府要求，河南全省外出务工人员返乡下乡创业工作目标为：到 2020 年年底，返乡创业人数累计达到 100 万，带动就业 1 000 万人，平均每年的任务是返乡创业 20 万人，带动就业 200 万人。在此背景下，河南省财政厅下属子公司河南农开产业基金投资有限责任公司（以下简称"河南农开"）专门成立投资机构，分别于 2017 年 9 月和 2019 年 8 月设立两只投向返乡创业建设领域的基金，并取得不菲效果。

河南省返乡创业支持基金已经设立两期，财政资金共计出资 10 亿元。其中一期基金成立于2017年9月，截至2021年一季度末，已经完成了21个项目的决策，实现了20个项目的投资，完成决策金额5.4亿元，实现投资金额4.48亿元，带动社会资本投资46.51亿元，形成了50.98亿元的投资规模，实现稳就业、保就业岗位约5.3万人。二期基金成立于2019年9月，截至2021年一季度，已经完成了57个项目的决策，实现了52个项目的投资；决策金额4.66亿元，实现投资金额3.73亿元，带动社会资本约38.38亿元，形成了42.14亿元的投资规模，实现稳就业、保就业超5万人。

再如，商丘市人民政府发布的《关于推动返乡入乡创业高质量发展的实施意见》，明确提出加大返乡创业投入，将创业扶持资金列入年度财政预算。市级设立2 000万元返乡创业专项扶持基金（资金），各县（市、区）均要设立不少于300万元的专项扶持基金（资金），全市要设立5 000万元以上的专项扶持基金（资金）。资金主要用于返乡创业融资、扶持返乡创业项目、市级返乡创业示范园区（示范项目）奖补、创业项目购买、创业典型奖励等。同时，提供创业担保贷款。各县（市、区）加大创业担保基金筹集力度，三年内要达到不少于800万元的规模。符合创业担保贷款条件的返乡创业农民工等人员，均可申请最高不超过20万元的个人创业担保贷款。合伙经营或组织起来创业的，可申请最高不超过150万元的创业担保贷款。小微企业当年新招用符合创业担保贷款申请条件的人员数量达到企业现有在职职工人数15%（超过100人的企业达到8%）并与其签订1年以上劳动合同的，可申请最高不超过300万元的创业担保贷款。

第二节　优化融资环境

一、创新信贷模式

在创新信贷模式方面，我国主要应从以下几个方面进行融资环境优化：充分发挥农村信用社和农村邮政储蓄银行作为农民工返乡创业主要融资渠道的作用，放宽农村小额贷款限制，提高小额贷款比例；积极探索利用农村宅基地抵押贷款、土地承包经营权抵押贷款、"网上互助保险"形式贷款；尝试设立行业协会基金担保公司；返乡农民工可以自主创业，拥有的完整的执照、住房产权、机械设备、大型耐用消费品和证券、注册商标、发明专利等无形资产，可以作为抵押向金融机构申请贷款。这里我们选取莘县农商银行作为例子，进行说明。

作为地方金融主力军，莘县农商银行主动承担社会责任，打造信用工程"升级版"，引入"家庭银行"商业模式，以金融支持助推扶贫攻坚，以金融创新促进精准扶贫，激发乡村新活力。

（一）精确施策，推进"党建+"扶贫

该行将党建工作与精准扶贫工作相结合，充分发挥基层党组织的战斗堡垒作用和党员先锋模范作用，建立"党支部+企业（合作社）+贫困户"的产业扶贫模式。通过"坚持党建引领 助力精准扶贫"活动，协调优质企业客户优先收购贫困户种植的农作物，作为企业生产原材料。如该行北区第二党支部主动联系山东满江鸿花生科技有限公司，收购王奉镇刘庄村贫困户种植的花生，用于企业生产。这不但解决了客户的创收困难，同时为优质企业提供了承担社会责任的机会，搭建了贫困户与扶贫企业之间合作的桥梁，实现了金融服务与精准扶贫的深度融合。

（二）精准帮扶，强化联动扶贫

具体措施如下：

（1）做好"一帮一"服务工作。该行与全县24个镇街签订《服务乡村振兴战略框架协议》，分别选派24名支行行长挂职镇街金融副镇长和30名优秀客户经理挂职村庄金融助理，当好管辖区域内的"三农"服务员、金融宣传员、带头致富指战员。实施"一村一策"建设模式，固化"走访调研"动作，制作金融服务公示牌，实施"阳光办贷"工程，用"专人"秉持"专攻"态度，实现"专业"的精准金融扶贫工作。

（2）开展入户走访和集中评定。该行每年和县扶贫办共同开展评级授信工作，深入贫困地区，对有资金需求的建档立卡客户逐户走访，动态调整"一户一档"，建立走访台账，筛选符合"四有"要求的贫困户，及时帮扶。

（3）完善扶贫小额贷款体系。打造信用工程"升级版"，引入"家庭银行"商业模式，创新研发"富民农户贷"，调整资金投向，对符合贷款条件的扶贫经营贷款主体应贷尽贷。

（三）精细产品，因地制宜扶贫

自莘县取得"农地"抵押贷款试点资格以来，山东莘县农商银行妥善处理自身效益与社会责任的关系、传统业务与改革创新的关系，建立健全"地抵贷"信贷管理制度，创新信贷产品，试点业务规模走在全省前列。

"地抵贷"采用优惠利率和多种担保方式。贷款利率较同档次保证利率优惠20%。对10万元以内的小额贷款采取全家人签字加"农地"抵押的担保方式，以解决担保难问题。合理确定贷款授信期限，对于信用状况较好的借款人，将贷款期限放宽至3年，满足借款人农业基础设施建设及大型农机具购置的需求。在约定贷款期限内，授信资金可在综合授信额度内循环周转使用，简化客户资金周转手续，进一步降低客户融资成本。以张寨镇郭某为例。2016年4月份张寨镇郭炉村郭某还在为找不到合适的担保人，无法申请贷款购买联合收割机而发愁。在了解到这一情况后，莘县农商银行第一时间主动向其推荐"地抵贷"贷款产品，告诉他只需要"全家人签字+农村承包土地经营权抵押"就可申请贷款。郭某得知这一情况后，积极提供相关贷款材料，用其家庭承包的12亩（1亩≈0.066 7公顷）农村承包土地的经营权作抵押。经莘县农村综合产权交易中心办理抵押登记后，不到3天，郭某便成功获取贷款10万元，加上积攒的一些资金，郭某购置了2台联合收割机，承包了张寨镇郭炉村及周边村庄的小麦收割工作，并向周边村镇拓展业务，收益颇丰。

（四）精准服务，高效高质扶贫

具体措施如下：

（1）做实"最后一公里"金融服务。该行进一步畅通农村地区支付结算渠道，打造"农村支付结算畅通工程"，借助科技力量助推农户脱贫。围绕城区改造、新型农村社区建设，加快城区社区银行和农村金融服务点建设，打造"以网点为中心、以农金点为延伸、以电子银行为补充、以业务团队为引领"的"四轮驱动"支农助农服务体系，形成了"全覆盖、多层次、无盲区、全天候"的新型服务渠道。依托手机这一"新农具"，大力推行手机银行，拓宽农民的支付渠道，引领农民非现金支付结算习惯。截至2019年2月末，该行共布放ATM（自动柜员机）类自助设备116台、银联POS（销售终端）机3 515台、农民自助服务终端386台，各类自助设备总量达到4 017台，农户足不出户就能获得全方位的金融服务和致富信息，真正体验到科技发展带来的方便快捷。

（2）优化扶贫贷款流程。自莘县农商银行与当地党委政府和村两委搭建联动机制后，采取"集中评定、整村授信、批量获客"模式，简化了贫困户办理各类贷款手续的流程，让更多有合理需求的贫困户在最短时间内获得信贷支持，绝不让贫困户多跑腿、绝不让贫困户"折面子"，为"造血扶贫"提供资金保障，推动以"辖内所有农户100%建档，有效借贷主体100%授信"为目标的"双百村"建设。

二、积极搭建创业平台

政府可以运用社会化融资理念，以市场化运作的担保公司为担保平台，以创业工程网为项目收集和公示平台，重点向青年创业企业服务。例如，为了进一步优化招标投标领域营商环境，全力做好"六稳""六保"工作，三门峡市公共资源交易中心研发了"三门峡市公共资源交易融资服务平台"。平台与银行、保险公司、担保公司深度融合，开启电子保函、履约保函、质量保函、中标贷、政采贷等多项融资服务功能，创新信用信息应用场景，减少银企信息不对称。平台为中小微企业融资难、融资慢问题提供了新渠道，打通了融资创新链、应用链和价值链，实现"一平台、一系统、一站式、保姆化"服务模式。

三门峡融资服务平台自2020年6月运行以来，截至2021年6月1日，共签发投标保函3 120笔，有效释放保证金3.62亿元，电子保函使用率67%；为企业申请融资贷款113笔，共38.49亿元，显著降低了招投标企业融资成本，有效破解了公共资源交易领域融资难、融资贵问题，为公共资源交易主体快速复工复产提供了强大动力助力。三门峡市公共资源交易中心将继续丰富平台金融服务应用场景，为下一步上线电子履约保函、农民工工资保函、质量保证金保函及大数据信用"秒贷"等产品奠定坚实基础。

三、建立并完善中小企业融资担保体系

金融科技可以为一部分优质小微企业增信，但信用平台建设尚需不断完善；而且，对于在初创起步阶段的小微企业，相关数据也不健全。因此，完善融资担保体系至关重要。我国应该鼓励中小企业和小微企业共同建立互助担保机构，形成分工合作、优势互补的不同类型担保机构发展模式。对于中小企业信用担保机构向风险农户提供风险资本或长期资本贷款担保的，金融部门应给予较高比例的税收减免和风险补偿。

在建立完善中小企业融资担保体系方面，我国主要从以下几个方面着手：

（1）深化与国家融资担保基金合作。加强与国家融资担保基金的合作对接与资源共享，积极争取国家融资担保基金通过再担保、股权投资等方式与省再担保公司、融资担保公司开展合作。

（2）做强省级融资担保机构。推动省级再担保公司、省级融资担保公司做实资本、做强机构、做精业务、严控风险，与省内其他融资担保公司开展股权、管理、业务、培训等方面的合作。按照"差异定位、优势互补、协同合作"的原则，促进各省份内融资担保体系"一盘棋"协同发展。

（3）夯实县（市、区）融资担保机构基础。对于还未建立融资担保机构的县（市、区），明确政府性融资担保机构建立的时间表。

（4）为加强政府性融资担保机构自身能力建设，还需要：政府性融资担

保机构推动建立"能担、愿担、敢担"的长效机制；开发适合"首贷户"、知识产权质押融资、应收账款融资、中长期研发融资等的担保产品；着力减少或取消反担保要求，降低担保费率等。在完善银担合作机制方面，银保监会有关部门负责人表示，银行业金融机构要进一步加大与政府性融资担保机构的合作力度，主要采取两种措施：一种是探索开展与政府性融资担保机构的并行审批，建立全流程限时制度，压减贷款审批时间；另一种是对由政府性融资担保机构担保的贷款提高相关贷款的风险容忍度，建立更有针对性地尽职免责和绩效考核制度，提高员工开展银担合作业务的积极性。

第三节　保障土地要素供给

返乡入乡创业园、基地、集聚区（以下简称"返乡入乡创业园"）是农民工群体返乡入乡创新创业、带动就地就近就业的重要载体，也是承接产业转移、促进产业合理布局的重要依托，是加快乡村振兴、推进城乡融合发展的重要平台。

一、拓展土地利用空间

2021 年 3 月，国家发展改革委等发布的《关于依托现有各类园区加强返乡入乡创业园建设的意见》指出："对带动就业数量大、吸纳贫困劳动力多的返乡入乡创业企业和创新创业载体，可适当放宽经营资质、土地使用等方面的入园审批条件。鼓励发展潜力大、入驻企业多、吸纳就业能力强的返乡入乡创业园配建公共实训基地，符合条件的，中央预算内投资予以适当支持。推动创业孵化基地、双创基地、众创空间等与返乡入乡创业园共建共享用工对接、人员培训、创业咨询等服务。"

这就要求各地政府在闲置土地、闲置工厂、乡镇、农村学校、荒山等场地的使用上，应该采取以下两种措施保障土地要素供给：一种是在符合规划和使用控制的前提下，直接用于返乡农民工创业，不影响水土保持，适合返乡农民工扩大荒山、坡地、滩涂等非耕地的使用；另一种是允许通过村庄整治等方式盘活集体建设用地存量，拆迁后的集体建设用地优先用于返乡农民工创业。

（1）整合建设一批返乡入乡创业园。坚持需求导向，以县（市、区）为单位，对现有开发区、产业园区、产业集聚区、创业载体等各类园区整合拓展、优化布局，重点打造功能完备、环境优良的返乡入乡创业园，为返乡入乡创业企业提供相对集中的生产经营和办公研发场地。

（2）加快培育返乡入乡创业产业集群。依托返乡入乡创业园，探索适合当地的返乡入乡创业发展路径和模式，通过承接产业转移、加快产业转移升级、资源嫁接输入地市场、一二三产业融合发展等方式，加快培育形成大中小企业协同联动、上下游产业全链条一体化发展并具有区域特色的返乡入乡创业优势产业集群，促进产业集聚、品牌成长、价值提升。

（3）发挥金融支持作用。以省、市为单位整合返乡入乡创业园项目，由金融机构依法合规进行融资支持。支持金融机构开发服务返乡入乡创业园建设的金融产品，支持企业生产设施等建设。鼓励金融机构在风险可控、商业可持续的前提下，创新金融产品和业务模式，合理确定贷款成本，支持返乡入乡创业企业发展。大力发展供应链金融，引导金融机构与园区内产业链龙头企业合作，为上下游返乡入乡创业企业依法合规提供多样化产品和服务。鼓励金融机构对接全国中小企业融资综合信用服务平台，创新开发"信易贷"产品和服务，加大对返乡入乡创业园企业、工商户的信用贷款支持力度。发挥市场化征信机构优势，运用大数据手段整合税务、市场监管等部门和金融机构的信用数据，对返乡入乡创业园企业、工商户进行分级分类信用评价，形成返乡入乡创业企业、工商户白名单，鼓励金融机构给予信用贷款支持。

（4）发挥社会资本补充作用。鼓励社会资本按照"市场运作、科学决策、防范风险"的原则建立返乡入乡创业投资基金，鼓励金融机构、社会资本依法合规对返乡入乡创业园企业进行股权投资。支持园区内返乡入乡创业企业通过发行创新创业公司债券等方式进行债权融资。积极探索互联网公司、电商平台、人力资源服务公司等生产服务类企业参与返乡入乡创业园建设的有效途径。

（5）提供土地、培训等配套支持。对带动就业数量大、吸纳贫困劳动力多的返乡入乡创业企业和创新创业载体，可适当放宽经营资质、土地使用等方面的入园审批条件。鼓励发展潜力大、入驻企业多、吸纳就业能力强的返乡入乡创业园配建公共实训基地，符合条件的，中央预算内投资予以适当支持。推动创业孵化基地、双创基地、众创空间等与返乡入乡创业园共建共享用工对接、人员培训、创业咨询等服务。

二、加快土地经营权流转

国务院办公厅印发的《关于支持返乡下乡人员创业创新促进农村一二三产业融合发展的意见》明确提出："做好返乡下乡人员创业创新的土地流转、

项目选择、科技推广等方面专业服务。利用农村调查系统和农村固定观察点，加强对返乡下乡人员创业创新的动态监测和调查分析。"

在土地种植方面，农村土地都是以家庭承包经营权制度为基础，所以大多数土地都是以家庭为单位进行种植，这样的农业生产种植方式不仅降低了农业种植效益，也让农村居民难以获得更多的经济收入。所以近些年已经有越来越多的农村居民不愿意开展土地种植，而是选择外出打工，从而导致大量的土地搁置荒芜。随着"十四五"规划以及2021年中央一号文件的出台，未来五年农村土地种植方式也将会发生转变。这种转变方式就是朝着土地规模化种植转变，这也是当前农业改革的主要发展方向。在2021年的中央一号文件中，国家就明确指出要推动农业规模化发展，而想要实现农业规模化发展，就必须要实现土地规模化种植。而为了能够在五年之内，逐步达成农业规模化发展，国家正在大力推动农村土地流转等工作的开展，引导不愿意种地的农村居民以及进城落户的农村居民，将闲置的土地资源流转给农业种植大户进行种植，同时还出台了《农村土地经营权流转管理办法》，加强对土地流转乱象的管控，保障土地流转过程中，农村居民的基本权益。

2021年2月3日，农业农村部对外发布《农村土地经营权流转管理办法》（以下简称《办法》），自2021年3月1日起施行。《办法》要求县级以上地方人民政府依法建立工商企业等社会资本通过流转取得土地经营权的风险防范制度。国家鼓励各地建立多种形式的土地经营权流转风险防范和保障机制。例如，鼓励流转双方在土地经营权流转市场或农村产权交易市场公开交易，签订规范的流转合同，明确双方的权利义务；鼓励保险机构为土地经营权流转提供流转履约保证保险等多种形式的保险服务等。

与原有的政策相比，新的管理办法聚焦土地经营权流转，在依法保护集体所有权和农户承包权的前提下，主要就平等保护经营主体依流转合同取得的土地经营权增加了一些具体规定，有助于进一步放活土地经营权，使土地资源得到更有效合理地利用。同时，新管理办法围绕强化耕地保护和粮食安全，补充了新内容，进一步强化了对耕地的保护和对粮食生产的促进。此外，针对土地流转过程中可能出现的风险，新的管理办法明确将建立工商企业等社会资本通过流转取得土地经营权的风险防范制度，有条件的可以设立风险保障金。在保障土地要素供给方面，各地政府允许集体土地使用权依法出租和转让，还将允许农民工以固定价格投资新企业；建立流动工人创业用地和租赁用地流通的活跃市场。

同时，我们也应该注意，目前农村土地资源并没有得到合理利用，所以进入 2021 年后，国家明确提出要逐步完善村庄规划改革工作，并落实最严格的耕地保护制度，加强耕地质量建设。随着这个工作的开展，国家也将会大力推动农村土地整治工作的开展，通过土地整治能够有效提高农村土地的质量，并可以将分散的土地资源，整治成为成片化的，便于规模化种植的土地资源，进而能够有效推动农村土地规模化种植，推动农业规模化发展，同时通过土地整治还能够有效提高农村闲置土地的使用效率。

2021 年的土地制度改革旨在保障农村居民的土地权益，推动农村土地规模化种植，大力培育新型职业农民、家庭农场以及农业合作社等规模化种植群体，未来这也是农业发展的主要方向。同时国家也在鼓励农村居民开展农业以及其他新兴产业的创业发展。未来农村居民如果愿意开展土地种植，那么也需要实现土地规模化种植、农业规模化发展。如果不愿意开展土地种植，则可以选择养殖业、畜牧业以及其他新兴产业。国家也指出将会鼓励农民开展粮食以及重要农产品的生产，给予相应的农业补贴。

第四节　强化组织建设

当前，农民工返乡创业的企业多为分散的小企业，规模小、能力弱。国家应该成立或者支持成立农民工社会组织，加强他们的组织建设，组织和推动返乡农民工的发展，使他们成为一个整体，提高创业的成功率。

一、搭建创业信息共享平台

农民工创业信息共享平台，一般首页应该有动态信息、扶持政策、创业项目、办事指南、数据资料、公示公告等分类模块。平台一定要发挥好自身资源优势，除了借助图文、音频等现代技术手段，进行正面引导外，一定要加强与外界的联络沟通，全面拓宽服务渠道、转变创业服务方式。

网站平台的开通，不仅仅是形式上的，还要在真正意义上帮助农民工解决创业难题。比如了解农民工的真正需求，少一点形式主义，多一点实干精神。平台应该及时了解农民工返乡创业诉求，不断增强与农民工返乡创业的"黏合度"。平台应该集中宣传创业优惠政策，创业者之间也可通过该平台互相交流创业经历、各取所长。一个完善的创业网站应该收集创业者的相关信息，关注农民工的创业动态，实现创业信息资源内部共享。

二、完善经济组织建设

在完善农村基层民主自治基本制度，赋予农民工更多的权利与自由发挥空间的同时，我国也要加强农民工创业的经济组织建设。改革开放 40 多年来，农业、农村发展和农民生活都发生了巨大变化，其背后的原因当然很多。其中，农民专业合作经济组织的产生、发展及其在形式上的不断创新，是推动农村经济社会发展的重要动力之一，也是中国从传统农业向现代农业转变的重要载体。

例如，在浙江一些土地流转比例较高的地区，农机大户、种粮大户、家庭农场等联合起来组建农机合作社。在这样的组合中：农机手有了稳定的作业来源，不再需要到处找活干；种粮大户和家庭农场则不需要自己购买农机，降低了固定费用。这种类型的合作社，合作的环节主要是农机作业，实际上就是支付农机作业费用，或者以作业费用为基础。较为深入的合作则是合作社购买农机，加上农机手带入社的农机，共同组建农机服务队，除了为本合作社成员服务外，还可以对外服务。

企业领办合作社是中国农业领域的一个特殊现象。农业产业化政策的核心是"公司+农户"，即引进或发育农业产业化龙头企业，用以带动基地农户发展商品农产品生产。企业领办合作社具有一定的合作性质，是在龙头企业大规模进入农业领域的前提下，中国企业家和农民共同推进的制度创新，也是中国对世界合作社建设的重要贡献。更为重要的是，一些企业在发展过程中为了更好地与农户建立稳定的产销关系，有的吸收农民入股，有的投资兴建种植、养殖终端后以租赁等形式提供给农民使用，有的在产品销售后给农民二次分红，等等。这些在一定程度、一定层次上向着合作社化的方向演进。

第五节　加强产业指导

一、挖掘农业内部的创业空间

近年来，我国各地积极鼓励和引导农民工积极创业，积极培育和扶持一批粮食大生产者、水产品大生产者和高附加值特色农产品大生产者，促进农村二三产业发展。例如，通过发展大规模种植和养殖来促进农村地区农产品深加工和现代物流业的发展，产业链可以延伸到挖掘农业内部的潜力。物流不仅是电商的生命线，更是现代化农业的连接器。物流配送、仓储、冷链组成现代化物流体系，缺一不可。初级农产品的仓储、农产品电商等产业的发展，通过农产品仓储确保农产品的溢价和供应，通过供应链的打造实现农产品的加工与深加工。随着物流业的发展，物流人才将会成为众多企业争抢的对象。

二、承接发达地区的产业转移

随着产业转移和产业转型升级的加快，农民工的区域分布也发生较大变化，在中西部地区就近就业的人越来越多。从地域分布上来看，在东部、东北地区就业的农民工减少，在中西部地区就业的农民工继续增加。国家积极引导返乡农民工自主创业，积极欢迎沿海产业转移。

农民工主动接受城市成熟大中型企业的辐射，直接移植城市产业或建立配套产品或配件企业，承接大型企业的外包服务，发展劳动密集型装配加工业，分得工业企业利润的"一杯羹"。

三、引导发展农村现代服务业

现代服务业是指以现代科学技术特别是信息网络技术为主要支撑，建立在新的商业模式、服务方式和管理方法基础上的服务产业。它有别于商贸、住宿、餐饮、仓储、交通运输等传统服务业，以金融业、信息传输和计算机软件业、租赁和商务服务业、科研技术服务和地质勘查业、文化体育和娱乐业、房地产业及居民社区服务业等为代表。加快现代服务业发展是推动我国经济转型升级、提升城市服务功能和竞争力、促进三次产业协调发展的重要途径。发展服务业的作用如下：

（1）发展服务业是促进农业和农村经济持续、健康发展的客观要求。农村实行土地家庭承包经营以后，如何为农民及时提供农业生产经营所需要的各种经济和技术服务，使千家万户的小规模农业经营与千变万化的大市场相衔接，是一个亟待解决的问题。由于农村服务业发展严重滞后，农民生产生活对信息、技术、服务等的需求都难以得到满足，因此，进一步加强农业的基础地位，建设现代农业，必须加快农村服务业的发展。同样，农村工业的发展，也需要农村服务业的发展与其相适应，为其提供及时、优质、高效地服务。

（2）发展服务业是促进小城镇建设健康发展的有力杠杆。小城镇为农村工业和服务业的发展、集聚提供了空间载体。小城镇人口相对密集，市场容量大，基础设施相对完善，有利于吸引工业和服务业向小城镇集中，使其获得规模经济效益和集聚效应；同时，工业和服务业等非农产业的发展又为小城镇建设提供了物质基础。农村工业和服务业的发展及其向小城镇集中，为小城镇建设提供了资金支持，为小城镇人口提供了较多的就业岗位、较高的收入和较好的生活环境，有利于吸引乡村人口进入小城镇。因此，我们要把发展小城镇与农村服务业有机结合起来，科学规划，协同推进。

（3）发展服务业是提高农民素质和生活水平的重要手段。农村服务业中的一部分行业是同提高农民素质密切相关的，如教育、文化、卫生、体育等。加快这类服务业的发展，有利于提高农民的思想道德素质、科学文化素质和健康素质，为农村经济社会的持续发展提供高素质的人力资源。

我国应指导返乡农民工在交通、商业、餐饮、娱乐等领域开展创业活动，重点发展农村文化产业、现代物流、旅游等，加速现有农村劳动力的分化，让他们在更广阔的领域中寻找更多的发展空间，充分发挥他们的创业潜力。

第六节　优化公共服务

一、成立领导机构

地方政府应当引导和鼓励农民工返乡创业，并纳入地方经济社会发展总体规划，纳入政府重要议事日程，纳入各级政府绩效评估。

二、强化服务意识

清理、取消不利于农民工返乡创业的规定，严格确立各部门的行为准则和规范，严禁出现乱收费、乱摊派、乱罚款等现象，将政府的扶持政策落实到位。凡是国家法律法规没有明令禁止和限制的行业和领域，都鼓励返乡创业者进入，不得自行设置限制条件。在符合城乡规划、市（镇、村）容、安全、环保、卫生、消防等要求的前提下，允许返乡创业者以租借商业用房和临时商业用房作为创业生产经营场所，供电、供水等部门应给予支持。

三、简化审批手续

一些急需审批的项目可以实行联合审批、一站式审批，优化开业申请审批程序。对于国家没有明确禁止的领域，可以适当降低标准，允许返乡创业农民工在更多领域参与风险投资。

例如，2021年，筠连县严格落实《宜宾市促进农民工就业创业八条政策措施》，通过优化简化行政审批流程，方便了农民工办理购房补贴审批手续。筠连县农民工服务中心坚持践行"尊重农民工，关爱农民工，服务农民工"

的服务理念，努力把中心建设成"服务态度好、办理效率高、素质形象佳"的优质平台，树立坚持以人民为中心的良好形象。

该中心审批岗位对所属审批事项的设定依据、实施主体、审批条件、审批程序和审批时限逐一细化，做到依法合理、公开公正。通过在公示栏张贴办理流程图，帮助提示农民工备齐需要审核的材料，减少反复填写和重复提交，达到审批、登记、出单一次完成，努力做到让办事群众"只跑一次，一次办结"。

四、完善法律服务体系

随着农村经济快速发展，法治建设逐步推进，农民法律意识不断增强，对法律和法律服务产品的需求也越来越大。由于长期存在的城乡二元经济结构的影响以及农村乡土社会的特殊性，农村法律服务体系的构建面临农民法律意识淡薄、法律资源及服务匮乏、法律工作者素质参差不齐等诸多困境。因此，我国需要健全以政府为主导、司法行政部门统筹安排、社会各组织多元参与的农村公共法律服务体系，这样才能提供有效的农村公共法律服务产品，以期达到使农民法律意识提高和使农村社会和谐的目的。一方面，要加快支持农民工返乡创业立法工作的开展，逐步建立起"政府引导、市场运作、政策扶持和法律保障"四位一体的农民工返乡创业保障机制；另一方面，要建立农民工诉求反馈机制，通过成立专门的维权办公室，畅通农民工利益表达和利益诉求渠道。

第七节　加大创业技能培训力度

一、强化培训的实践性

农民工职业技能培训能够提高农民工素质，使之更快地融入城市，对加快城镇化和城乡一体化进程的意义重大，因此需要各级政府相关部门加强对农民工培训的针对性和实用性。

（1）职业院校作为培训主阵地，需创新模式，改进教学方法，提高培训实效。当前，部分职业院校开展农民工职业技能培训存在培训科目单一、不适应市场需求、培训内容较为抽象等问题，忽视了实际技能操作。职业院校要面向市场办学，提供多样、实用的培训"菜单"，强化校企合作，产教融合，加大实践教学比例，做到教、学、做合一。

（2）应引导企业逐渐成长为培训主体。企业作为用工主体，应把农民工纳入职工教育培训计划，确保农民工享受和其他在岗职工同等的培训待遇。政府可通过补贴、奖励等方式，支持鼓励大型企业有组织地开展职业技能培训，重点加强农民工岗前培训、在岗技能提升培训和转岗培训。

二、加强创业的人才支撑

当前，农民工返乡创业中存在着技术力量薄弱、市场竞争力弱等问题。为此，我国有必要对返乡农民工自主创业的支持体系进行完善。例如，通过"科技大篷车""农业、农村和农民""硕士和博士学位服务团队"等活动，采用"订单计划和委托培训"的模式，为农民企业家提供技术支持和人才支持。

为确保人才"引得来""留得住""用得好"，我们应该进一步搭建人才发展平台，完善人才体制机制，做好人才服务保障，打造近悦远来、拴心留人的良好人才生态环境，具体措施如下：

（1）用事业留人。进一步落实用人自主权，改进人才评价标准和方式，建立健全以创新能力、质量、贡献为导向的人才评价体系，大力构建各类人才建功立业的平台，让各类人才干事有舞台、创业有机会、发展有空间，增强人才干事创业的成就感。

（2）用政策留人。各地应出台一系列含金量高、吸引力强、务实管用的人才优惠政策，要认真抓好政策落实，适时探索出台更有吸引力的人才政策，切实让各类人才"政治上受重视、社会上受尊重、经济上得实惠"。

（3）用环境留人。进一步优化人才服务保障，跟踪解决好引进高层次人才的户籍、住房、配偶就业、子女入学等实际问题，解除人才的"后顾之忧"。

（4）用感情留人。大力宣传推介当地文化，通过举办论坛、座谈会等活动，加深他们对家乡的认识和了解，增进乡情乡谊。这样才能激发人才回报家乡的内生动力和热情，增强各类人才的归属感，让人才真正落地生根。

三、创新培训模式

农民工培训是一项复杂而艰巨的任务，各地政府管理部门应制定系统的培训计划，分门别类进行管理，积极探索返乡创业农民工"导师制"。返乡创业农民工"导师制"可以为农民工提供业务计划设计、业务风险评估、业务技术改造升级、员工管理培训等"一站式"服务。例如，2016年，教育部、中华全国总工会下达通知印发《农民工学历与能力提升行动计划——"求学圆梦行动"实施方案》，在方案中详细介绍了相关措施，其中具体提到参与院校要深化产教融合、校企合作，根据农民工成长规律和工作岗位的实际需要，与企业共同研制工学结合人才培养方案，建立校企双导师制和弹性学制。

方案中详细提到了五个措施，包括建立择优录取和企业推荐相结合的公开遴选机制、开发与岗位紧密对接的专业课程、推行校企合作培养模式和基于信息化的混合式教学模式、建立多元化的农民工继续教育质量保障体系以及建设行动计划的信息服务平台。方案中还明确提到在教学过程中，学校将与企业共同研发具有实操性的课程，为农民工提供仿真的实训系统，建立校企双导师制度和弹性学习制度；鼓励参与院校开发适应农民工需求的在线教育资源，探索基于手机的移动教学与支持服务模式，方便农民工随时随地开展个性化学习。

第八节　营造创业氛围

一、大力宣扬农民工返乡创业的意义

例如，四川省内江市威远县通过举办"创业沙龙""创新创业大讲堂""创业示范引领"等活动，坚持创业典型引领，营造创业氛围，对涌现出的返乡创业成功典型和有影响力的农村创业致富带头人进行大力宣传，增强他们的社会影响力，带动更多返乡农民工创业。

威远县每年安排专项资金用于创业投资补助、贷款贴息、创业园建设奖补，同时对返乡农民工落实减税降费、免征政府性基金等减免政策。2020年，威远县为农民工创业者等发放小额担保贷款 2 280 万元，发放创业补贴 148 万元。

除此以外，各地政府也可以通过"创业之星"评选，在社会上推广创业模式，提高全社会对返乡创业的理解和重视；通过组织城镇情感交流、城镇居民协会和创业项目博览会，加强情感交流，使农民工真正认识到他们有"回家的好头脑"。

2021年，为切实做好返乡农民工创业就业工作，威远县山王镇多措并举开展政策宣传活动，营造引导农民工返乡创业就业的良好氛围：

（一）发挥模范作用

各村（社区）联系村干部充分利用春节农民工回家过年的有利时机，向群众、返乡农民工广泛宣传优惠政策，鼓励农民工返乡创业就业，目前已召开了11场农民工座谈会。

（二）设立现场咨询台

组织镇干部面向群众现场发放宣传材料、提供政策咨询、现场进行答疑解惑，宣传返乡创业就业优惠政策，并发放调查问卷 150 余份。

（三）营造宣传氛围

在各村（社区）主要路口和居民聚集处悬挂宣传横幅、张贴宣传标语，充分利用宣传栏、村务公开栏及在人口密集区处，宣传惠民政策和创业就业政策，共发放慰问信日历 2 200 份。

（四）进村入户走访

通过政策宣讲、上门走访等多种方式，结合春节慰问低保户、特困群众的机会，直接向群众宣传优惠政策，加强与群众交流，倾听群众意见，切实解决群众关心的热点难点问题。

二、积极开展农民工创业活动大赛

优秀的企业家将通过创业比赛得到及时的表彰。这种方式，可以增强返乡创业农民工的荣誉感、责任感和自信心，激发他们的创业热情，吸引更多的农民工回乡创业，推动创业活动蓬勃开展。

农民工创业活动大赛的开展可以进一步鼓励农民工创业，优化农民工创业辅导服务，搭建创业项目与投资机构对接平台，促进优质创业项目成长和转化。一般情况下，参赛主体是持有农村户口的农民工、青年创业者。获奖的优秀企业和团队可享受一些政策上的优势，如符合要求可享受农民工创业就业补贴和企业吸纳贫困劳动力就业稳岗奖励。

例如，2020 年，为促进返乡农民工就业创业，吉林延吉民和社区精心组织有创业意愿和创业能力的下岗失业人员和返乡农民工参加民和社区的创业培训，开办了普训和电焊、丝网花两个技能教学班，提高农民工创业就业技能，帮助其树立创业的信息和勇气，努力实现创业梦想；同时，积极开展返乡典型的推荐宣传活动，最大限度地激发返乡农民工的创业就业热情，还发放《延吉市返乡创业指导手册》给辖区各营业网点和前来咨询的居民，共计 120 余份。2020 年 10 月 19 日民和社区再次组织了一次返乡农民工就业创业培训活动，组织 20 名有创业意愿的农民工和下岗失业人员为他们免费培训，并且为 5 名返乡农民工介绍了新工作。像民和社区这样做好劳动保障工作，时常关注辖区内返乡农民工与失业人群，举办一些培训活动，就能更好地帮助他们解决就业创业问题。

我国正处于劳动力转移的高峰期，也是农民工返乡创业的重要机遇期，政府应加大对农民工返乡创业的支持，适时推出鼓励农民工创业的财政和金融政策，鼓励返乡农民工利用自己掌握的一技之长在其熟悉的行业市场中开展创业，把发达地区的产业嫁接、引进到农村地区；各地政府应有意识地引导返乡农民工创办与当地主导产业相关的企业，培养一批优秀的重点企业。

结束语

　　基层政府是促进农民工返乡创业和乡村振兴的主体和关键。对农民工进行创业教育的目的并不只在于教授其怎样创业，还在于使农民工对创业有较为完整且清醒的认识。创业失败不仅对创业的农民工家庭意味着不幸，还会挫伤其他有返乡创业想法的农民工的积极性。因此，保护好农民工返乡创业的星星之火，对于乡村振兴是十分重要的。农民工返乡创业与乡村振兴是高度契合的，二者可以相互促进：农民工返乡创业可以促进乡村振兴，而乡村振兴又为农民工创业创造良好的环境和条件。

参考文献

［1］崔传义. 中国农民工返乡创业创新调研［M］. 太原：山西经济出版社，2017.

［2］中国就业培训技术指导中心. 农民工返乡创业工作解析［M］. 北京：中国劳动社会保障出版社，2017.

［3］余杰. 创业新秀故事汇［M］. 重庆：重庆大学出版社，2017.

［4］木下齐. 地方创生：小型城镇、商店街、返乡青年的创业10铁则［M］.［出版地不详］：不二家出版社，2017.

［5］柳剑祥. "赣鄱情 家国梦"长篇小说丛书：九牛岗［M］. 南昌：江西人民出版社，2017.

［6］梁振华，刘汀，张辉. 春天里［M］. 南京：江苏文艺出版社，2017.

［7］紫檀，文刀刘. 楚商传奇黄运超［M］. 北京：中国经济出版社，2017.

［8］本书编写组. 中华人民共和国新法规汇编2016 第12辑：总第238辑［M］. 北京：中国法制出版社，2017.

［9］本书编委会. 2017中华人民共和国农业法律法规全书［M］. 北京：中国法制出版社，2017.

［10］本书编委会. 2017中华人民共和国劳动和社会保障法律法规全书［M］. 北京：中国法制出版社，2017.

［11］张晶晶，李刚. 创业那些事［M］. 北京：中国商务出版社，2017.

［12］农业部农产品加工局，农业部农村社会事业发展中心. 2017年农村创业创新政策简明读本［M］. 北京：中国农业出版社，2017.

［13］苏宏文. 贵州省遵义市汇川区发展模式的研究与启迪［M］. 北京：中国发展出版社，2017.

［14］贺雪峰. 社会转型背景下的农村青年调查［M］. 武汉：湖北人民出版社，2017.

［15］孙东海. 安徽经济社会发展研究［M］. 合肥：安徽人民出版社，2017.

［16］温铁军. 中国农业的生态化转型［M］. 北京：中国农业出版社，2017.

［17］唐踔. 断想［M］. 北京：光明日报出版社，2017.

［18］刘晓. 返乡创业密码［M］. 北京：中国农业科学技术出版社，2018.

［19］邱卫林. 赣南等原中央苏区农民工返乡创业的影响因素与政府扶持机制优化研究［M］. 上海：立信会计出版社，2018.

［20］孙中博. 社会网络与返乡农民工创业成长［M］. 长春：吉林人民出版社，2018.

［21］熊智伟. 返乡农民工创业失败及政策扶持研究［M］. 北京：经济管理出版社，2018.

［22］徐虹. 双创环境下京津冀休闲农业与乡村旅游可持续发展研究［M］. 北京：中国旅游出版社，2018.

［23］沈红. 燕燕于飞［M］. 北京：东方出版社，2018.

［24］刘柳. 返乡农民工就业有道［M］. 北京：中国科学技术出版社，2018.

［25］郑硕，黎凤林，侯赛. 新时期下大学生创新创业指导研究［M］. 昆明：云南美术出版社，2018.

［26］袁春萍. 基于地方经济的创新创业服务平台研究［M］. 长春：吉林大学出版社，2018.

［27］朱孟帅，张崇尚，刘佳. 农业政策法规明白纸［M］. 北京：中国科学技术出版社，2018.

［28］郑焱. 富裕农民新实践［M］. 北京：中国发展出版社，2018.

［29］张文洲，罗婧. 家庭农场理论与实践创新研究［M］. 沈阳：辽宁大学出版社，2018.

［30］陈维忠. 基于产业动力的县域城镇化研究：以河南为例［M］. 北京：科学出版社，2018.

［31］东北农业大学经济管理学院，农村经济与社会发展研究中心，东北农业大学现代农业发展研究中心. 农业与农村经济发展研究 2015［M］. 北京：中国农业出版社，2018.